JÜRGEN KLARIĆ

POBRE
RICO
MILLONARIO

JÜRGEN KLARIĆ

POBRE

RICO

MILLONARIO

BIOGRAFÍA ESCRITA POR

Jorge Cano

Jürgen Klarić. Pobre rico millonario
La pobreza no es un problema físico sino mental

Primera edición: noviembre de 2019

D. R. © 2019, Jorge Cano
D. R. © 2019, derechos de edición mundiales en lengua castellana:
Penguin Random House Grupo Editorial, S. A. de C. V.
Blvd. Miguel de Cervantes Saavedra núm. 301, 1er piso,
colonia Granada, delegación Miguel Hidalgo, C. P. 11520,
Ciudad de México
D. R. © 2019, derechos de la presente edición en lengua castellana:
Penguin Random House Grupo Editorial USA, LLC
8950 SW 74th Court, Suite 2010
Miami, FL 33156

D. R. © Penguin Random House / Miguel Ángel Benitez Henao, por el diseño de cubierta
D. R. © Felipe Loaiza, por la fotografía de portada
D. R. © Luis Quiroz, por las ilustraciones de interiores
D. R. © fotografía de la p. 233, archivo personal del autor

ISBN: 978-1-644731-17-8

Impreso en USA – *Printed in USA*

Penguin
Random House
Grupo Editorial

La pobreza no es un problema físico
sino un problema mental.
JÜRGEN KLARIĆ

¡Gracias!

Gracias, Jürgen, mi querido amigo, por reconocer mi talento y haberme dado la confianza de compartir tus hazañas y permitirme desarrollar y escribir tu historia, convirtiéndola en un relato entretenido e interesante que ofrece un gran aprendizaje, motivación y reflexión al lector.

A pesar de que fueron largos meses de arduo trabajo lo disfruté mucho. Imaginar cómo viviste cada etapa de tu vida y plasmarla en papel le dio otro sentido a la historia que inició como un proyecto para nuestra próxima película *Pobre rico millonario*, y que después se transformó en este libro.

Gracias por tu tiempo y por autorizar la creación y el desarrollo de esta obra. También le doy gracias a tu querida esposa, Verónica, por su tiempo y colaboración para generar parte de la historia, para la creación de este libro.

Agradezco infinitamente el apoyo de mi familia, especialmente a mi querida esposa, Julieta, por su apoyo incondicional y constante motivación. También agradezco desde lo más profundo de mi ser a mis queridos hijos: Brandon, Jacqueline, Laura e Isabella por su gran apoyo y amor absoluto. Le doy gracias a la vida por hacerme un hombre afortunado.

También estoy enormemente agradecido con mi casa editorial Penguin Random House Grupo Editorial y con todo el equipo que la conforma por haber reconocido mi talento e inmediatamente haber visualizado el potencial del proyecto y ofrecerme todo el apoyo para la distribución internacional de *Pobre rico millonario*, sobre todo con el director literario David García Escamilla, por compartir mi visión y entender que lo más importante de esta obra es ayudar a un mayor número de personas a que se conecten con el dinero.

JORGE CANO

Índice

Introducción

Este libro te dará un amplio conocimiento de por qué algunas personas tienen mente pobre y otras no, por qué para algunas personas un obstáculo puede ser el final, y para otras puede ser el principio de un reto. Esta lectura te dará la oportunidad de aprender grandes conocimientos, para que puestos en práctica te sea mucho más fácil conectar con todo lo que quieras lograr.

No somos culpables de cómo llegamos al mundo: pobres, ricos o millonarios, pero sí es culpa y responsabilidad de cada quien ser pobre, rico o millonario. Si tu situación actual no es la deseada, éste es el inicio para hacer los cambios que se necesitan para conectarte con el dinero y convertirte en millonario, en una persona próspera.

¿No te agrada el escenario actual de tu vida? Entonces tienes que cambiar la historia. Es hora de buscar los recursos necesarios para lograr todo lo que quieras, de enfocarte en lo que en realidad quieres y darle sentido a tu propósito.

Si quieres convertir tu vida en una gran vida, pasar al siguiente nivel, lograr el éxito de tu propósito, debes tener las suficientes agallas y coraje para hacerlo. Tienes que escoger la estrategia adecuada para lograr lo que quieres, hacer lo correcto en el momento adecuado, y que tu pasión para lograr tu propósito sea el mismo estado de ánimo desde que inicias hasta que llegas a tu meta y continuar así para que todo fluya como lo programaste y lo decretaste. Las decisiones que tomes determinarán el destino de tu historia, sin importar las condiciones de tu situación actual.

Para que puedas conectar con el universo siempre debes enfocarte en tu propósito, buscando el bien para la humanidad, hacerlo con responsabilidad, integridad, honestidad y lealtad; si alguno de estos ingredientes falta, la fórmula no será la correcta y el resultado no será el deseado: ésta es la ley del universo. En estas páginas comprenderás más a fondo cómo a Jürgen, a pesar de siempre tener dinero, le llevó más de 30 años aprender a retenerlo y convertirse en un verdadero millonario.

A pesar de que Jürgen contaba con recursos para hacer grandes cosas se quedó en bancarrota varias veces y empezó de nuevo, una y otra vez, eso es parte del aprendizaje y no cuestión de suerte. Cuando en realidad tienes las ganas de salir adelante y lograr tu propósito, no importa si no tienes las herramientas, buscas los recursos para adquirir lo necesario y emprender el nuevo camino para una vida mejor. Eso es en realidad querer hacerlo, tener hambre y desearlo de corazón, todo lo demás son excusas, porque querer es poder.

Estamos convencidos de que este libro ayudará a muchas personas a quitarse esas improntas negativas hacia el dinero, a transformar esa mente pobre y prepararla para que pueda tener una conexión natural con el dinero. Ésa será nuestra mejor gratificación para ti, tal y como Jürgen y yo lo acordamos hace tiempo: ¡hagamos este proyecto para ayudar a un mayor número de personas a que se conecten con el dinero en el menor tiempo posible!

1

DESCUBRIENDO QUE EL QUE MÁS TIENE ES UN EMPRENDEDOR

Recuerdo que todo lo que resolví para poder quitarme esa mente pobre que llevé conmigo por más de 25 años inició con un viaje que hicimos mi madre y yo a San Francisco, poco antes de mudarnos de California a Bolivia con el propósito de visitar a mi tía Rosy y mi tío Nicolás; era el verano de 1980, yo tenía sólo 10 años.

Al encontrarnos mi tía estaba feliz de la vida, ya que yo solía ser su sobrino consentido y siempre me complacía, y claro, mi madre no estaba muy de acuerdo con tanta alcahuetería por parte de mi tía Rosy, sin embargo a ella no le importaba y casi siempre me daba gusto en todo. Abordamos el auto de mi tío Nicolás, un Mercedes 1981 E-Class. Me encantaban este tipo de carros porque eran los autos que acostumbraban tener las personas que tenían mucho dinero.

En el trayecto a la casa de mis tíos pasamos por varias residencias de los millonarios de esa área, cuya arquitectura y belleza me fascinaban; recuerdo tres que me llamaron mucho la atención. Mi tío era un cirujano muy reconocido de esa región, por lo que él y mi tía conocían a mucha gente y sabían qué millonarios vivían en ciertas residencias, así que me atreví a preguntarles quién vivía en una de las tres mansiones que me habían llamado la atención. Mi tía, sonriendo, me comentó que era la de Bill Theiss.

Yo, curioso, continuaba preguntando a qué se dedicaba, dónde trabajaba y cuánto ganaba, y mis tíos seguían dándome gusto. Esa primera residencia era nada menos que el hogar del famoso diseñador y vestuarista, que había iniciado su emprendimiento hacía muchos años y en esa época ya diseñaba los vestuarios de muchas películas y programas de televisión, entre ellos *Bound and Glory*, *Butch and Sundance* y varios más.

La segunda residencia que me llamó la atención era la de Donald Fisher, uno de los fundadores de las tiendas de ropa GAP, tremendo emprendimiento que se convirtió en una de las cadenas de ropa de mayor crecimiento en la Unión Americana de aquellos tiempos.

Era curioso cómo disfrutaba la belleza y la arquitectura de esas residencias; me imaginaba tener una de ellas, hasta que pasamos por una que me cautivó, la que más me había gustado. Mi mamá me decía que ya no preguntara más, pero no me pude contener y pregunté a quién pertenecía. Mi tío no sólo sabía de quién era sino también la historia del dueño. Era la casa del multimillonario Gordon Moore, uno de los grandes emprendedores de Intel Corporation y quien predijo muchas cosas sobre tecnología, como que los componentes y ciertos circuitos electrónicos subirían el doble de su valor cada año, durante 10 años, y así fue, subieron el doble durante 10 años.

Para poder entender cómo se había hecho de esa increíble mansión pregunté cuánto dinero tenía ese señor emprendedor. Mi madre me llamaba la atención porque hacía preguntas insólitas y muchas de ellas relacionadas con el dinero, pero mis tíos se sonreían y mi tío le decía a mamá que yo era un soñador igual que mi padre, pero eso sí, siempre respondían a mis preguntas, ya fueran inteligentes o insólitas. Cuando me enteré de que ese emprendedor millonario de la región valía más de cinco billones de dólares encontré la respuesta a mi verdadera profesión en la vida.

Lo más curioso de ese trayecto fue que las residencias más bonitas y más millonarias no pertenecían a latinos, y cuando se lo decía a mi mamá ella me refutaba que los latinos probablemente no tenían los millones de dólares que tenían esas personas multimillonarias, pero que vivían más felices, porque el dinero no compraba felicidad. En desacuerdo con mi madre me quedé muy pensativo y se generó un gran vacío, hasta que decidí decirles lo que quería hacer en mi vida, y les aseguré que cuando fuera grande, me iba a convertir en un gran emprendedor. Claro, las risas no dejaron de llenar ese vacío. Pero aun con sus risas yo había tomado la decisión de convertirme en un emprendedor para tener mucho dinero. Mi madre me repetía una y otra vez que el dinero se conseguía a base de mucho esfuerzo y trabajo.

Mis tíos, aunque me adoraban, no dejaban de pensar que era un gran soñador como mi padre.

Emprendimiento = éxito = dinero
Mucho éxito = mucho dinero

PARA REFLEXIONAR:

A pesar de que Jürgen creció con una mente de rico, la influencia de su abuela fue tan grande que lo marcó, a tal grado que inconscientemente se convirtió en una persona de mente pobre, sin embargo, el gran aprendizaje que fue descubriendo gracias a que siempre fue muy analítico, sumamente curioso y muy inquieto le permitió emprender, crecer y, lo más importante, fracasar, una y otra vez, hasta lograr su objetivo. A final de cuentas venimos a aprender y no importa cuántas veces fracases, lo importante es cuántas veces te levantas.

Si decretas lo que deseas de corazón, es decir, si en realidad crees lo que decretas, alguien te lo creerá, y siendo así, lo más probable es que el que te lo crea te lo compre. No tengas miedo de aceptar el apoyo de quien esté dispuesto a dártelo, es increíble pero siempre existirán personas que perciban lo que decretes de corazón y te ayudarán a lograr tus objetivos, en ocasiones de manera consciente o hasta inconsciente. Hay que soñar, creer, decretar y emprender.

Se vale soñar, querer y tener. Muchas veces perdemos el enfoque, pues una cosa es soñar y otra necesitar. Para lograr lo que sueñas primero debes enfocarte en lo que necesitas para posteriormente trabajar en tu sueño. Si quieres aprender de historia, júntate con historiadores; si quieres ser un buen ser humano, júntate con personas del ser; si quieres ser millonario, júntate con personas de mente millonaria, con millonarios, ésta es parte de la ecuación para lograr tus propósitos en el menor tiempo posible. Sin embargo, ésta no es la respuesta total o la fórmula para lograr tus objetivos, pero te dará parte de las herramientas adecuadas para que se te facilite llegar a donde quieras llegar. Analiza, pregunta y emprende.

La mayoría de las personas inconscientemente le tiene cierto resentimiento a los millonarios, en lugar de admirarlos y aprender de ellos, pero si en realidad quieres ser una persona próspera y transformar esa mente pobre, tienes que iniciar entendiendo que el ser millonario no tiene nada de malo, al contrario, tiene mucho de bueno, todo estriba en para qué utilices el dinero, ya que éste sirve para hacer cosas maravillosas, te da poder y puedes adquirir mucha felicidad. Posiblemente no logres tu objetivo a la primera, y no importa, ese coraje te dará más fuerza y te acercará cada día más; no dejes de soñar, pero primero trabaja en lo más poderoso, tu mente.

El fracaso es una gran oportunidad para empezar otra vez con más inteligencia.

HENRY FORD

2

SI EN VERDAD LO DESEAS Y LO DECRETAS, LO PUEDES LOGRAR

Al día siguiente acompañé a mi tía Rosy a hacer algunos pendientes y fuimos a la tienda Sears. Al pasar por el mostrador leí que tenían una promoción de apartado; mientras mi tía veía unas cosas yo me acerqué al departamento de electrónica y quedé anonadado en el área de videojuegos, observando el juego de *Donkey Kong*. Estaba prácticamente embobado, no dejaba de mirar la pantalla y la consola de Atari. Me quedé perplejo hasta que un empleado rompió mi pensamiento y me comentó que el Atari venía con 27 juegos, pero se podía adquirir un total de nueve cartuchos adicionales para tener un total de 187 juegos en nueve cartuchos; mi mente no dejaba de dar vueltas.

Pensé que tenía que tener esa máquina poderosa, pero percibía un problema, que no era portátil. Traté de apartarla con los 17 dólares que me acompañaban en ese momento, ya que contaban con esa promoción de apartado, pero el tipo me dijo que era imposible con este popular aparato, pues esas máquinas así como llegaban, se iban. Le comenté sobre el problema que veía en el Atari, que no era portátil, y me mostró el Nintendo Game and Watch portátil. Me dijo que costaba 180 dólares, sólo 60 dólares más barato que el Atari. Entonces no habría manera de apartarlo, mucho menos de comprarlo. Sentía que todo eso que había procesado en mi cabeza se estaba yendo al carajo, y el tipo, disfrutando de mi desilusión, me dijo que qué lástima que no me alcanzara ni para un cartucho. Para mi suerte, mi tía linda y querida alcanzó a escuchar el comentario del tipo y no permitió que un extraño me regañara, y mucho menos que se burlara de mí.

Al enterarse de que me había encantado el juego anaranjado portátil, mi tía sin pensarlo decidió comprar uno para mí y otros dos para cada uno de mis primos. Sin perder tiempo le hablé a mi tía con firmeza delante del tipo y le propuse que me prestara dinero para adquirir un segundo juego y que mi mamá de seguro se lo pagaría. Ella aceptó y compramos cuatro Nintendos.

El empleado se quedó perplejo mientras a mí me crecía una sonrisa de oreja a oreja; tremenda lección que mi tía le había dado a ese tipo. Yo aprendí que nunca te debes de quedar con las ganas de lo que en realidad quieres: si lo deseas, búscalo, encuéntralo y lucha por ello.

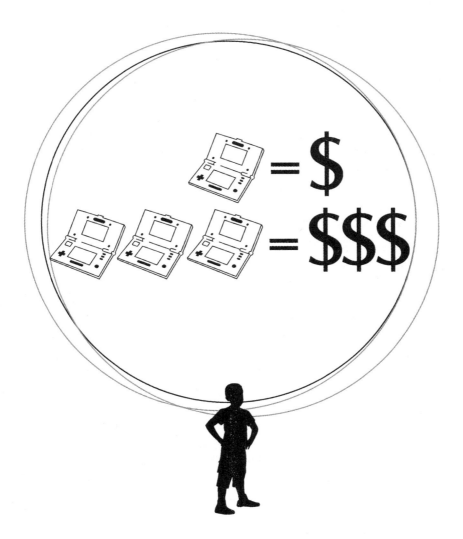

Mayor esfuerzo = más ganancia

PARA REFLEXIONAR:

Es curioso pero en cada historia de éxito, así como en la de Jürgen, siempre existirán personas que no sólo no confían en tu proyecto, sino que se burlarán de tus sueños y te tratarán de convencer de que lo que haces es una pérdida de tiempo. Una persona que no es hacedora por miedo al fracaso, es lo único que sabe, por lo tanto siempre tratará de transmitirte ese miedo, lo cual se puede convertir en una impronta, pero no debes de esperar mucho de una persona a la que le invade el miedo para emprender, ya que es lo único que sabe. En otras ocasiones te toparás con personas envidiosas, aléjate de ellas, no compartas tus sueños con aquellos que no tienen tus mismos ideales. Un millonario nunca te dirá que no lo intentes, te podrá aconsejar o guiar de una mejor manera, pero jamás te dirá que no lo intentes, porque sabe que ése es el camino, la única manera de llegar al objetivo, a lo que en realidad deseas, a lograr tu sueño.

La mayoría de las veces sucede que las personas en las que más debería uno de confiar, como familiares cercanos, sin sueños ni objetivos que alcanzar, son los que más se dan a la tarea de convencerte de que no lo hagas, los que más daño te pueden hacer, a veces inconscientemente. En muchas ocasiones tus conocidos te sugieren no perseguir tus sueños con la idea de esconder sus miedos, y en la mayoría de los casos, sobre todo en Latinoamérica, te dicen que no los persigas por envidia, pues ellos no han tenido las agallas de intentarlo, de lograr sus propios sueños por miedo al fracaso. No dejes que nada ni nadie interrumpa el viaje hacia tus metas.

En esa trayectoria maravillosa de perseguir tus sueños millonarios dejarás perpleja a más de una persona, y esa gente envidiosa te tratará de inculcar lo que sabe, que es tener miedo al fracaso, e intentará transmitírtelo a la décima potencia para que abortes tu proyecto, tu sueño de lograr la riqueza. Si te das cuenta, los millonarios que se quitan esa mente pobre, una vez que logran su objetivo, no los ves con los mismos conocidos y en muchos casos los familiares dirán que el dinero los cambió; la realidad es que a eso comúnmente se le llama envidia. Por eso debes de saber con quién quieres compartir tu riqueza y eso es parte de tu aprendizaje, tu sabiduría, porque llegará el momento en que entenderás que el tiempo también es riqueza.

Recuerda que el tiempo es dinero.

BENJAMIN FRANKLIN

3

¿EL DINERO PUEDE COMPRAR FELICIDAD?

Al llegar a la casa de mi tía Rosy, lleno de felicidad y emoción con mi plan, se me había pasado un pequeño detalle, que mi mamá ni siquiera estaba enterada de la nueva deuda que tenía con mi tía. Molesta, y con razón, me dijo que cómo se me había ocurrido permitir que mi tía se gastara casi 600 dólares en tres juegos, pero lo peor y que no entendía era que le hubiera hecho comprar uno más para mí.

Finalmente decidí confesarle que iniciaría mi emprendimiento llegando a Bolivia. Mi madre, aunque siempre me apoyaba en todas mis locuras, en esta ocasión me dijo que qué sabía yo de emprendimiento, y que no iba a permitir que me llevara dos Nintendos. No me quedó otra alternativa más que compartirle mi hipótesis, y le pregunté directo que si acaso no se había dado cuenta de que la gente más millonaria es emprendedora. Furiosa por el hecho de los dos Nintendos me dijo: "Mira, Jürgencito —este término en diminutivo lo utilizaba cada vez que me corregía—, recuerda que tu abuela decía que el dinero es una mierda y que sólo sirve para pelear". Y la correlación era que si hicieron tanto dinero de seguro habían hecho cosas malas.

Tratando de defender mi postura le cuestioné que si acaso ella sabía cómo lo habían adquirido, y ella más molesta me dio el ejemplo de mi tío Gonzalo, quien llegó un día de visita a casa en un Ferrari último modelo con su nueva esposa 20 años más joven que él. Mi madre decía que el dinero lo echó a perder, porque si no tuviera lo que tiene ahora, posiblemente seguiría con mi tía Betly, su ex esposa. Yo dudaba mucho de esto y lo cuestionaba, y para que me quedara claro ella me decía que la mayoría de los millonarios era infeliz.

Utilizando la lógica le pregunté que si tenían tanto dinero, por qué no compraban felicidad, idea que iba en contra del pensamiento de mi madre, por lo que me respondió que con el dinero no se compra felicidad.

A final de cuentas me dijo que al día siguiente hablara con mi tía Rosy para regresar uno de los Nintendos que me había comprado… como era el sobrino consentido de mi tía regresé a Bolivia con los dos Nintendos.

Por supuesto que con dinero puedes
comprar felicidad.

PARA REFLEXIONAR:

Para lograr tus propios sueños y alcanzar la riqueza que deseas debes imaginar lo inimaginable, debes sentir en realidad lo que quieres lograr, que vibre esa emoción, que transmitas esa vibra, que sin decir nada la gente te pregunte por qué estás tan emocionado; eso es parte de tu decreto, parte de la fórmula para lograr tu sueño.

Analizar a otros millonarios, aprender de sus fracasos, historias y éxitos, te dará un gran aprendizaje: quieres ser como ellos, aprende de ellos. Cualquiera que sea tu objetivo, para lograr tus sueños millonarios siempre encontrarás una historia de éxito con estas similitudes, la cual te brindará herramientas importantes para lograrlo.

El gran problema de la mayoría de las personas, sobre todo en Latinoamérica, es que muchas veces relaciona el dinero con el miedo, con cosas mal habidas, con rompimiento familiar, infelicidad, etcétera, y casi siempre la realidad es totalmente diferente. Las personas que logran transformar esa mente pobre, que alcanzan la riqueza y trabajan en sí mismas para ser cada día mejores, pueden hacer cosas increíbles con su dinero, incluso comprar felicidad.

Para comprar felicidad primero debes de pensar en ti, cuidarte y ayudarte. Una vez que ya estás en esa dirección es muy sencillo comprar felicidad, ayudando al más necesitado. Como ejercicio, si le das a una persona un billete de alta denominación, por ejemplo, lo que ganaría en todo un día o en toda una semana de trabajo, o le dieras algo que difícilmente pudiera adquirir, o le pagaras una operación quirúrgica o estética que difícilmente pudiera costear, te darías cuenta de la cantidad de felicidad que puedes *comprar*.

La riqueza consiste mucho más en el disfrute que en la posesión.

ARISTÓTELES

4

¿HACE DAÑO TANTO DINERO?

Llegando a Bolivia inicié mi emprendimiento de renta de Nintendos durante los recreos en la escuela; todos los niños se enloquecían por jugar con aquel aparato increíble que aún no había llegado a Bolivia, ésa fue mi visión. De hecho, uno de mis compañeros me ofreció comprarme uno de los juegos por 350 dólares y decidí mejor rentárselo el fin de semana por 90. Me llegaron a decir el niño dólar porque lo rentaba a un dólar por tres minutos.

Mi madre no daba crédito de la cantidad de dinero que me generaba la renta de sólo dos Nintendos, y ella me propuso que en su próximo viaje a Miami me compraría dos más, pero con la condición de que se los pagara. Yo no dejaba de pensar que con esos dos más podría triplicar mis ganancias, por lo que acepté el trato y así fue como generé a mis 10 años mi emprendimiento de renta de Nintendos en la escuela y los fines de semana. Eso era mucho dinero para un niño.

Crecí entre católicos y solíamos ir a misa casi todos los domingos, y claro, con el resultado de mi emprendimiento, pobre de mí si no iba a darle gracias a Dios. Recuerdo que me llamó mucho la atención lo que dijo el padre en una de esas misas: "Hijos, ¡cuán difícil les es entrar al reino de Dios a los que confían en las riquezas! Más fácil es pasar un camello por el ojo de una aguja, que entrar un rico en el reino de Dios". No me aguanté y un día le dije a mi mamá que yo no estaba de acuerdo con lo que el padre decía y que quería entrevistarme con él. Lo que yo quería aclarar era cómo podía decir eso sin conocer a las personas, como a los millonarios de San Francisco o a mis tíos, que tenían mucho dinero.

Mi madre se salía por la tangente y me decía que respetara al padre y a la Iglesia, pero a esa edad yo tenía muchas dudas al respecto y me cuestionaba si en caso de ser cierto lo que decían los padres, ¿a dónde se iban todos esos millonarios?, ¿al infierno?

Así fue como descubrí que eso era una gran mentira y que, claro, la Iglesia prefiere que haya grandes donaciones para ella a que las personas se lo hereden a sus familiares; tiene lógica, pero una con la que no estoy de acuerdo.

Mi madre defendía a la Iglesia y me decía que el dinero en exceso era malo, porque siempre traía problemas, que el dinero no compraba felicidad y, como decía mi abuela, la mayoría de las veces, que el dinero era una mierda. Yo opinaba lo contrario y sabía que con el dinero se compraba mucha felicidad.

Al pasar de los años empecé a entender a mi mamá, ya que mi papá y su hermano, mi tío Constantino, estaban distanciados; mi padre había hecho dinero, pero mi tío hizo millones, y mi madre relacionaba mucho dinero con poca felicidad. La verdad es que mi papá nunca aceptó la realidad de que mi tío era un millonario exitoso y un gran emprendedor, buenísimo para los negocios, y él no. Por esa y muchas razones más mi mamá le tenía tanto miedo al dinero.

El dinero es muy saludable y te puede servir para ayudar.

PARA REFLEXIONAR:

Para lograr tus propios sueños debes enfocarte en tu propósito; si te mantienes con personas que te alejan de tu propósito, entonces aléjate de ellas. Apóyate en personas que te puedan aportar algo positivo para lograr el objetivo y cumplir tu sueño.

El dinero es una herramienta muy importante que te da poder, te ayuda a resolver muchos problemas y a satisfacer muchos gustos.

Por generaciones en la mayoría de los países latinoamericanos nos han hecho creer que el que tiene mucho dinero por lo regular no es una buena persona, que el tener dinero en exceso no es bueno. El tener mucho dinero no tiene nada de malo, sino todo lo contrario, el ser bueno o malo estriba en ti, el dinero no tiene nada que ver con quien eres.

No permitas que nadie ni nada interrumpa tu camino. Éstas son parte de las improntas que nos van marcando durante nuestra vida. Hazte a un lado de todo ese negativismo, esto es parte del proceso de la liberación de una mente pobre.

Toma sólo lo bueno de las personas, lo que te vaya a aportar algo positivo. Si no tienes nada bueno que decir, mejor no digas nada.

Es bonito tener dinero y cosas que puede comprar el dinero, pero también es bonito tener las cosas que el dinero no puede comprar.

George Horace Lorimer

5

APROVECHA LAS OPORTUNIDADES QUE SE TE PRESENTAN EN LA VIDA

Durante mi adolescencia estudié el bachillerato en Bolivia. No sé si estuve más en Bolivia o de viaje, porque tenía un tío que cada vez que se le ocurría pasaba por mí a la escuela los viernes y nos íbamos de viaje, y como era su sobrino consentido solía hacerlo muy seguido. Recuerdo un día en particular que llegó mi tío Constantino Klarić en su Mercedes-Benz 380 SL, último modelo; ese día estábamos varios compañeros afuera de la escuela, y al llegar mi tío en su auto deportivo, se paró enfrente y todos observaron con asombro el auto.

Emocionado me subía al auto y mi tío, como siempre, si se le antojaba comer algo íbamos a comerlo, así tuviéramos que viajar en ese momento a otro país. Ese día fue muy especial porque a mi tío se le antojó un buen churrasco típico de su región, así que en ese momento nos fuimos a Buenos Aires a comer un excelente y original churrasco argentino.

En varias ocasiones yo no iba preparado para viajar, pero él siempre me decía: "No importa, después de comer nos vamos de compras", y le avisaba a mi mamá, como si fuéramos a dar un paseo en Bolivia y luego regresar a casa.

Me daba mucho gusto pasar horas con mi tío porque tenía mucho dinero y no dudaba en gastarlo y divertirse en grande, y le encantaba convivir conmigo, porque antes de concluir un viaje ya estaba pensando a dónde sería bueno ir a comer la siguiente semana, y por supuesto yo siempre le decía que contara conmigo.

En una de esas tantas comidas me comentó que le gustaría hacer un viaje por toda Europa y me preguntó que qué me parecía; sin pensarlo yo ya me hacía en Europa y le dije que era una idea maravillosa y que contara conmigo. Para mi sorpresa, al regreso él tenía que atender unos negocios en Nueva York y me comentó que le pediría a mi mamá que al volver nos viera en Nueva York, para que nos quedáramos una semana.

Era increíble porque con mi tío me daba la vida de millonario con la que yo soñaba, la que yo siempre visualizaba, me encantaba y disfrutaba cada viaje. Aprendí mucho de él, y todo el tiempo repetía que yo iba a ser un gran emprendedor, lo mismo que siempre me decía mi mamá.

En una ocasión le comenté a mi papá sobre un proyecto que quería emprender, y en lugar de apoyarme me dijo que me enfocara en los estudios; aunque mi mamá me apoyaba en todo, cuando mi papá se enteraba cualquier emprendimiento tenía que esperar. Un día mi tío me dijo estas palabras sabias: "Jürgen, el tiempo se debe aprovechar en todo el sentido de la palabra. Tu tiempo y el tiempo de los demás es sumamente valioso y se le debe respeto, mucho respeto. Quizá mañana no tengas el tiempo que tienes hoy… ¡Debes vivir como si hoy fuera el último día de tu vida!"

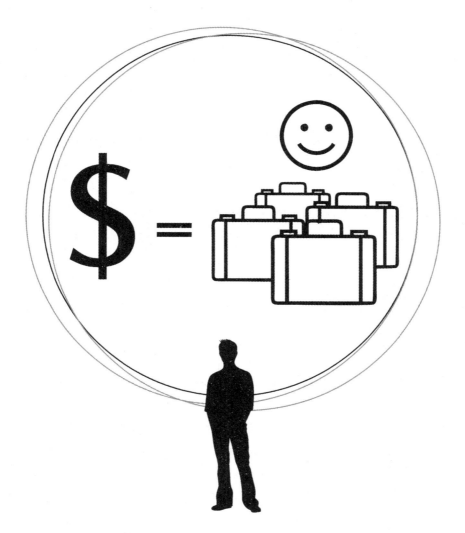

Disfruta cada día con consciencia,
como si hoy fuera el último de tu vida.

PARA REFLEXIONAR:

Es curioso pero si tienes una mente pobre o estás bloqueado con el dinero, cuando conoces personas exitosas, con poder, con dinero, y te extienden una invitación, inconscientemente piensas que no te lo mereces, o que algo quieren de ti, o que es una persona rara, pero lo que tienes que entender es que para una persona exitosa es de lo más normal compartir. Aprovecha esos momentos, acepta lo más que puedas, sin abusar de la nobleza; aprende de ellos, porque te compartirán conocimiento, que no te dé miedo, aprovecha y abraza las oportunidades que se te presenten en la vida.

Cuando una persona es de mente pobre en muchas ocasiones le invade y le gana la envidia, muchas veces hasta se pregunta: "¿Por qué yo no tengo lo que esa persona tiene?", "¿por qué ella sí y yo no?" Lo primero que tienes que entender es que cada persona es diferente, a cada persona se le han presentado retos y oportunidades distintas. En muchas ocasiones cuando una persona tiene esos pensamientos, ni siquiera se da cuenta cuando se le presentan esas oportunidades, pues está más atenta a lamentarse, a lo cual yo más bien le llamo envidia. Hay que estar agradecido con las personas exitosas que quieran compartir contigo, ya que es un privilegio, una oportunidad de aprender; siempre aprenderás algo de ellas y ellas algo de ti.

Agradece y disfruta lo que tienes y deja de lamentarte por lo que no tienes, trabaja para tener lo que necesitas y luego trabaja en lo que desees. Puedes lograr lo que quieras, lo que te propongas. Empieza por detectar lo que inconscientemente no te deja avanzar, lo que no te permite acercarte a la riqueza. Haz una lista de todo lo negativo que piensas del dinero, de los que tienen dinero, y luego encontrarás la fórmula de cómo ir quitando cada uno de los obstáculos que no te permiten llegar a donde quieres.

Sé agradecido con lo que tienes
y terminarás obteniendo más.
Si te concentras en lo que no tienes,
nunca tendrás suficiente.

OPRAH WINFREY

6

APRENDER DEL ÉXITO DE LOS DEMÁS TE AYUDARÁ A MINIMIZAR TUS RIESGOS

Mi padre no tenía muy buena relación con mi tío Constantino debido a que, aunque mi papá tuvo aciertos en algunos negocios, mi tío era un emprendedor sumamente exitoso y millonario, y no iba a permitir que su hermano le viniera a decir cómo hacer las cosas.

En una ocasión llegando a casa me percaté de que mis padres discutían acaloradamente, ya que mi papá quería asociarse con unos chilenos para abrir un hipódromo en Bolivia, el más grande del país, y ella se rehusaba y no estaba de acuerdo en arriesgar todo el patrimonio familiar en un negocio de esa magnitud, y sobre todo en un área que mi padre no conocía.

Yo no pude evitar escuchar su discusión desde la cocina. Él le reclamaba a ella que siempre trataba de echarle a perder todos sus negocios, y mi mamá trataba de hacerle entender el gran riesgo que corría al invertir en un negocio desconocido para él, pero mi papá hacía caso omiso e insistía en que sabía lo que hacía y que iba a hacer este negocio a como diera lugar, y que lo único que necesitaba era la firma de mi mamá para utilizar el dinero que tenían en la cuenta mancomunada. Mi madre, tratando de hacerlo entrar en razón, le dijo que esperaran hasta que mi hermana Leslie y yo saliéramos de la universidad, y que entonces lo apoyaría en todas sus locuras. Pero las súplicas de mi madre eran en vano, ya que él estaba aferrado en construir en ese momento el mejor hipódromo de Bolivia. La discusión subió de tono y fue cuando decidí intervenir para tratar de hacerlo entrar en razón.

Yo ya había investigado sobre hipódromos y estaba consciente de que la altura es un factor muy importante para que los caballos puedan correr adecuadamente, así fue que interrumpí y le pregunté: "Papá, ¿has considerado la altura? La mayoría de los hipódromos está a nivel del mar y la altura donde quieres poner el hipódromo es de 2 400 metros sobre el nivel del mar".

Ése fue el motivo para que se enfureciera más de lo que ya estaba y me preguntó que si yo era un experto en hipódromos. Obviamente nosotros no sabíamos nada de este negocio al igual que mi papá, pero él ya estaba totalmente convencido por los socios chilenos. Mamá no dejaba de preocuparse por la magnitud de la inversión y porque sus polluelos quedaran desamparados; sin embargo, la estabilidad emocional de la familia también era un factor importante para ella.

Mi papá trataba de hacerme sentir inexperto en inversiones y utilizaba mucho el hecho de que porque yo había realizado algunos negocitos que me habían dejado algunos dolaritos, eso no me convertía en un experto en finanzas, mucho menos en inversiones. Finalmente se me ocurrió que hablara con mi tío Constantino, aprovechando que él tenía vasta experiencia en negocios millonarios, sólo para que le diera su punto de vista, por no decirle que él lo haría entrar en razón. Esta idea fue el detonante para que mi padre explotara en nuestra contra.

Finalmente mi mamá accedió a firmar para que tuviera acceso a los 500 mil dólares que necesitaba para llevar su proyecto a cabo, en contra de su voluntad, pero lo hizo por no seguir peleando por dinero y para que mi hermana y yo no los siguiéramos escuchando.

Después de algunos meses el dinero que había aportado mi padre para el hipódromo no había sido suficiente y terminó exigiéndole a mi mamá los últimos 60 mil dólares que tenían reservados para nuestros estudios, jurándole y perjurándole que con el hipódromo nos podría pagar 20 universidades; sabiendo que podía perder a su familia, escogió el hipódromo como el mejor proyecto de vida. La conclusión de este gran negocio fue el divorcio de mis padres y el hipódromo terminó siendo el mayor fiasco de los negocios de mi padre.

Todo emprendimiento tiene su riesgo, pero
mientras más aprendas menor será el riesgo.

PARA REFLEXIONAR:

- ¿Todo emprendimiento tiene un riesgo?
- ¿Una simple idea se puede convertir en una gran idea?
- ¿Una gran idea se puede convertir en un proyecto?
- ¿Un proyecto se puede convertir en un gran negocio?
- ¿Un gran negocio te puede convertir en millonario?
- La respuesta para todas estas preguntas es la misma: sí, claro, por supuesto.

Entonces la pregunta que probablemente te hagas es: ¿Por qué no lo he logrado? Hay varios tipos de emprendedores o hacedores, los que dicen que hacen, los que ven que hacen y los que hacen, pero los que de verdad logran descubrir la riqueza son los que en realidad hacen, aunque en muchas ocasiones no logran su objetivo. Esto sucede por muchos factores. El hecho de que se te ocurra una idea no quiere decir que ya sabes el mapa de cómo convertir esa idea en una idea millonaria, entonces ¿qué hay que hacer?, estudiar a otros emprendedores exitosos con ideas similares y entender la tendencia del mercado hoy en día, porque si tienes una idea pero alguien hizo algo parecido hace 10 años y tú sigues los mismos pasos, lo más seguro es que tu proyecto vaya a fracasar.

No te aferres a tu propia voluntad, conoce las herramientas, acércate a personas exitosas con experiencia, que ya hayan recorrido el camino que tú deseas para que te compartan conocimiento y sabiduría; que no te gane el ego, aprender es maravilloso, no importa a qué edad, uno siempre aprenderá algo de alguien.

El hecho de que pienses que porque se te ocurrió una gran idea ya lo sabes todo, eso es tener una mente pobre, tienes que saber que los grandes millonarios reclutan personas con mayores conocimientos que los de ellos para poder convertir sus ideas en ideas millonarias.

Una vez hayas hecho la tarea de investigar, aprender y obtener las herramientas necesarias y estés totalmente convencido de que tu idea es la correcta para convertirla en una idea millonaria, debes decretar tu visión, sentirla de corazón, apasionarte con tu idea, creer en tu proyecto, porque si en realidad lo sientes y lo proyectas, alguien más lo creerá, y si te lo creen, lo más seguro es que te lo compren. Así es como una idea se convierte en una idea millonaria.

Nunca te metas a un negocio sólo por ganar dinero. Si ése es el motivo, mejor no hagas nada.

RICHARD BRANSON

7

DISFRUTAR DE LOS BIENES NO ES MALO, MALO ES HACER DAÑO CON ELLOS

Después de esa serie de discusiones con mi padre veía a mi mamá agotada y decepcionada.

En una ocasión en lugar de llevarme a la escuela me propuso que yo me llevara el carro. Dudoso le pregunté que si se refería al Mercedes-Benz, pues ése era el único carro de mi mamá, y la realidad es que yo no daba crédito al respecto.

Ese día era cuando me podría pasear por las calles de la ciudad presumiendo el carro de mamá. Para mi suerte, al llegar a la escuela todos los estudiantes estaban afuera, sin poder entrar, entonces aproveché para pasar a lenta velocidad y cerciorarme de que todos me vieran en el Mercedes; algunos me veían con admiración y otros con envidia. Finalmente me estacioné y me bajé para dirigirme a la entrada.

Parecía como de película, predominaban las miradas tanto de admiración de muchas chicas como de envidia de los compañeros indeseables. Mi escena fue interrumpida por uno de los chicos indeseables que me dijo en plan envidioso que si me creía mucho con mi carrito nuevo, y yo en mi plan arrogante le contesté que sólo lo suficiente para que se le saliera la baba. Los compañeros más cercanos que escucharon se burlaron del chico, y yo crecido, arrogante y creído seguí mi camino.

Mi llegada a la escuela fue como si estuviera partiendo plaza y hubiera tenido la faena perfecta. Al final del día dos de las chicas más bellas de la clase me abordaron para que las llevara a dar la vuelta por las calles de la ciudad en el Mercedes; sin pensarlo accedí y salí con una chica de cada lado, me sentía el chico más popular y triunfador, simplemente ganador.

Al salir por la puerta principal del colegio, mientras nos acercábamos al Mercedes, vi que el carro de mi mamá estaba todo rayado y lleno de grafitis, y a un lado del coche estaban tres compañeros de los indeseables; uno de ellos era del que me había burlado, quien arrancó la insignia del cofre del Mercedes y me la aventó pegándome en el pecho. El daño ya estaba hecho, había recibido la puñalada desde que vi el carro de mi mamá. El golpe en el pecho ni siquiera me incomodó, estaba anonadado y recuerdo que el chico indeseable remató diciendo: "Ahora sí, a ver a quién se le cae la baba, pinche rico de mierda".

Una lección muy cara para tan temprana edad, pero aprendí que la arrogancia y antipatía no te producen nada bueno.

A pesar de la lección aprendida, ahora tenía que confrontar a mis padres, y sobre todo a mi papá, que de por sí estaba muy enojado conmigo por haberme metido en la discusión que había tenido con mamá. Al informarles lo sucedido ambos estaban sumamente molestos, mi padre me decía que eso me ganaba por andar presumiendo lo que ni siquiera era mío. Le dije a mi mamá que cuando fuera millonario le compraría un Mercedes-Benz último modelo; fue un decreto que me salió del corazón. Papá aprovechó para decirme que era un inmaduro soñador del dinero y que dejara de pensar como mi tío Costo; ahí me di cuenta del coraje que le tenía a mi tío y a la mayoría de millonarios que conocía.

El tener más que otros no te da derecho
a burlarte de nadie.

PARA REFLEXIONAR:

Tener lo que siempre has deseado no tiene nada de malo. A todos nos gustan las cosas buenas, nos encanta darnos gustos, aunque sean costosos, y si se puede adelante, ¿por qué no? Es parte de la gratificación por haber logrado el éxito.

Si te prestan un bien para darte un gusto, maravilloso, pero no presumas lo que no es tuyo como si lo fuera; como dice el dicho: "Dime de qué presumes y te diré de qué careces". Disfrútalo, porque para eso son las cosas materiales, pero no las uses para despertar envidias provocadas a propósito o para hacer sentir mal al que menos tiene. Creer que eres más que los demás sólo por tener más es un pensamiento de alguien con mente pobre. Hay que entender que existen personas de todos los niveles económicos con mente pobre, no hay que confundir la mente pobre con la pobreza ni con la riqueza, una cosa es ser pobre por tener una mente pobre y otra es tener dinero y tener una mente pobre.

El tener no te da ningún derecho a ser una persona prepotente, creída y arrogante, lo único que lograrás son represalias en tu contra por parte de aquellos resentidos ante una sociedad en crecimiento, ante personas con dinero, ricos, millonarios.

Es maravilloso tener mucho dinero, y da gran satisfacción utilizarlo para darte gustos, hacer cosas maravillosas, comprar felicidad, pero lo más satisfactorio es que te respeten y te admiren por quien eres y no por lo que tienes.

La pobreza no viene por la disminución de las riquezas, sino por la multiplicación de los deseos.

PLATÓN

8

CONOCER OTRAS CULTURAS, LUGARES Y PERSONAS TE ENRIQUECE

El tiempo pasó y yo ya estaba a escasas semanas de irme a estudiar fuera de Bolivia. En una ocasión fuimos mi mamá y yo a visitar a mi abuela, como siempre solíamos hacerlo. Mi abuela insistía en que me quedara a estudiar en Bolivia y por más que le explicaba que sólo así, estudiando fuera, encontraría oportunidades diferentes y buscaría riqueza en otros lugares, ella siempre me decía: "Ay, Jürgencito, tan materialista que eres. Ve cómo están tu papá y tu tío por culpa del dinero. ¡El dinero es una mierda!" Y mi mamá aprovechaba para darme el sermón del tío Gonzalo, que por culpa del dinero él había dejado a la tía Betly para casarse con una mujer 20 años más joven que él.

A pesar de que mis papás habían hecho dinero y mi abuela siempre tuvo todo, yo estaba convencido de que los tres estaban totalmente desconectados del dinero.

Mi papá veía el éxito de unos y el fracaso de otros como una manera de dividir y separar a las personas, porque eso es lo que él había experimentado con su hermano, mi tío Costo.

Mi madre, por los problemas que vivió con mi padre referentes al dinero, por las grandes discusiones que terminaron con su matrimonio y el gran desgaste emocional que había vivido, veía el dinero como la atracción a los problemas. Y mi abuela, viviendo el duelo de mi padre y su hermano, estaba totalmente convencida de que el dinero era una mierda.

Y así, muchos latinos relacionan el dinero con el peligro, con la inseguridad, porque si lo tienes te lo van a robar, te van a secuestrar, o tus amigos te pedirán prestado y a la hora de cobrar se perderá hasta la amistad. La mayoría de los latinos si ve a un rico lo critica y hasta lo calumnia: es rico porque se jodió a alguien, ha de haber sido bien corrupto… En nuestra cultura es difícil aceptar que el dinero nos puede llegar a todos, y esto se debe en parte a las improntas que nos han inculcado desde generaciones atrás.

Sin embargo, yo desde temprana edad sabía que la mayoría de los millonarios era muy feliz, y sabía que cuando los millonarios pierden a sus amistades y familiares por dinero, es por cuestión de envidia. Es un sentimiento muy raro, pero se da mucho entre los latinos.

Por supuesto que el dinero ayuda, y mucho.

PARA REFLEXIONAR:

Hay personas con un alto nivel de cultura que han adquirido riqueza por buscar oportunidades en otros lugares, gracias a que han tenido el valor y el coraje de salir de su zona de confort. Lo más interesante es que cuando sales de esta zona, buscas hasta donde menos esperas y te imaginas lo que nunca te hubieras imaginado.

Si vas trabajando en cada una de las improntas que te han marcado, que consciente o inconscientemente te han creado una mente pobre, podrás encontrar el mapa para lograr el éxito que siempre has querido alcanzar.

Si el éxito para ti es ser compensado en grande por hacer algo que te apasiona, excelente, hazlo con una mente sana, abierta al conocimiento y el dinero llegará por añadidura; no obstaculices la fluidez de la riqueza con pensamientos de mente pobre y con actitudes negativas. Recuerda que tus actos son lo que le estás emitiendo al universo, y lo que transmites es lo que recibirás. Si lo que en realidad deseas y proclamas lo pides de manera congruente, tarde o temprano te llegará.

El tener la gran oportunidad de explorar otras culturas, vivirlas, conocer gente exitosa, es una enseñanza que no tiene precio. Venimos a este mundo a aprender, no te prives de la oportunidad de conocer y aprender, no importa el medio que elijas, ya sea conociendo, estudiando, leyendo, pero no dejes de aprender.

*Lo mejor que podemos hacer por otro
no es sólo compartir con él nuestras
riquezas, sino mostrarle las suyas.*

BENJAMIN DISRAELI

9

SI TE LO PROPONES Y LO HACES CON PASIÓN LO PUEDES LOGRAR

En 1993 finalmente había llegado a estudiar la carrera de arquitectura en la Universidad de Guadalajara, Jalisco, en México. Aunque la idea de crear algo siempre me había llamado la atención, creo que decidí estudiar arquitectura por mi papá; no era el más brillante de la carrera pero era muy bueno, era inquieto, y sabiendo que no contaba con el apoyo de mi padre, ya que lo había perdido todo con su gran proyecto, tenía que buscar cómo ayudarle a mi mamá a solventar mis gastos universitarios.

Se me ocurrió diseñar una revista llamada *Ragazzi* e invité a los amigos más cercanos de la universidad a colaborar en este emprendimiento, entre ellos Jorge, uno de mis mejores amigos de la escuela, y a su novia, Elvira. De hecho ellos me presentaron a una chica, de la que quedé flechado a primera vista, me quedé perplejo, era una joven tapatía de las más guapas que había conocido; se llamaba Maricarmen y correspondió a mi mirada y mis sonrisas.

Se hizo un grupo de jóvenes universitarios muy *cool*, y en una ocasión decidimos ir a un antro; Jorge, dos amigos y yo, sin las amigas. Era uno de los antros más populares de Guadalajara de aquel entonces y la fila para entrar era larga. Después de una hora de espera, y cuando estábamos a punto de entrar, el cadenero, un tipo malencarado, nos negó rotundamente el ingreso, que porque no traíamos pareja. Lo curioso es que habíamos visto a muchos chavos entrar solos; aun con nuestros varios intentos por ingresar, la respuesta fue un rotundo no. Fastidiados, no nos quedó otra alternativa más que irnos, y yo quedé sin ganas de volver a ese antro.

Pero siendo el antro más popular de Guadalajara tenía que venderle un anuncio de mi revista. Después de varios intentos finalmente me pude reunir con el dueño del antro, y al finalizar mi presentación me informó que él sólo se anunciaba en las revistas de mayor prestigio de Guadalajara y que en realidad no le interesaba mi revista. En lugar de sentirme molesto me sentí retado, y me propuse que mi revista iba a ser la mejor revista de Guadalajara dirigida a los jóvenes.

Finalmente, cuando logré la distribución local de la revista *Ragazzi*, decidí llegar muy temprano a un café cerca de la universidad, que quedaba justo frente a un puesto de revistas. Ver la portada de *Ragazzi* por primera vez en un puesto de revistas fue una sensación increíble. Conforme pasaba el tiempo veía cómo ese pilar de revistas decrecía, sobre todo por los compañeros universitarios que la compraban; fue una sensación de éxito, porque yo sabía, y lo decreté desde que decidí hacerla, que sería un emprendimiento de éxito.

Al llegar a la escuela reflejaba felicidad con una sonrisa de oreja a oreja. A mis amigos y equipo de trabajo de la revista se les ocurrió organizar una fiesta, lo malo fue que el antro que escogieron para celebrar era el mismo donde nos habían negado la entrada. Nada más pensar en hacer esa fila de nuevo y en la posibilidad de que nos negaran la entrada me daba flojera, así que había decidido no ir, pero mi amigo Jorge me mencionó que también iría Maricarmen y con eso bastó para que fuera a la fiesta.

Al llegar al antro la fila era bastante pronunciada para entrar. Éramos seis amigos: Jorge, Elvira, Jaime, Victoria, Maricarmen y yo. Éramos los últimos de la fila y propuse que fuéramos a otro lugar, pero la mayoría decidió que nos quedáramos y así lo hicimos. Minutos después, un tipo que estaba junto al portero, el que nos había negado la entrada en semanas pasadas, nos hizo una seña para que nos acercáramos a la entrada.

Jorge fue el primero en acercarse y después de unos segundos regresó por nosotros. Al llegar hasta la puerta el tipo nos dijo que era el de relaciones públicas del antro, que yo no tenía que hacer fila cada vez que fuera, y le dio indicaciones al portero de que cada vez que llegara el señor Jürgen Klarić, lo dejara pasar porque eran órdenes del dueño.

Yo estaba muy confundido, y al portero ya ni para qué reclamarle si no se acordaría que nos había negado la entrada, y si se hubiera acordado me hubiera ignorado. El publirrelacionista me identificaba perfectamente y hasta mi nombre sabía, y el dueño que anteriormente no quería saber nada de mi revista dio órdenes de que me dejaran pasar cada vez que fuera; todo me parecía muy extraño.

Una vez adentro el publirrelacionista me dijo: "Tenemos una mesa VIP reservada para ti y tus amigos". Al llegar a la mesa VIP vimos que el dueño se encontraba ahí esperándonos. Nos dio una cordial bienvenida y me dijo que la noche corría por su cuenta. Yo quedé aún más confundido de lo que ya estaba, pero reaccioné y le pregunté que a cambio de qué, y él contestó de inmediato que a cambio de nada, que él sólo reconocía el emprendimiento de mi revista.

No entendía lo que estaba pasando, si unas semanas antes de que saliera mi revista me había dicho que no le interesaba. Finalmente declaró que le interesaba la portada de mi próxima edición y la contraportada de las siguientes. No daba crédito de lo que estaba pasando, todos estábamos felices. Pero no satisfecho del todo le pregunté que a qué se debía este cambio de parecer tan repentino, y fue cuando me confesó que su hija estudiaba diseño gráfico y que la revista *Ragazzi* le había parecido espectacular, y que también estaba enterado del éxito logrado. Al fin todo tenía sentido.

La revista logró mucha popularidad en corto tiempo. Utilizábamos mi departamento para trabajar en la revista. Había meses donde ya no cabían los anuncios y sobrepasamos las ventas, y entre broma y broma decíamos que mejor nos dedicáramos a la revista en lugar de la carrera que cada uno estudiábamos. De hecho la idea no era nada descabellada, ya que en esa época la nueva generación de arquitectos estaba jodida; toda la industria de la construcción estaba parada debido a que el presidente saliente de México había dejado al país en un caos total, y por muy buenos que fuéramos, en ese entonces iba a ser difícil agarrar chamba de arquitectos. Me llegué a cuestionar de qué había servido tanto esfuerzo si no iba a haber trabajo para los recién egresados.

Estábamos a punto de graduarnos, el verano se acercaba y el tiempo en que todos se habían comprometido a ayudarme con la revista estaba a punto de concluir, pero después del éxito obtenido esto para mí no tenía fin. Estaba mi equipo, que se conformaba de cinco personas y tenía en la mesa cinco fajos de billetes divididos en partes iguales; ésas eran las ganancias de los últimos meses.

Mientras hacía la repartición, ellos comentaban sobre su plan de viajar por Europa y yo pensaba todo lo que teníamos que hacer y planear principalmente ahora que todo mundo se iba de vacaciones. Todos quedaron satisfechos con las ganancias, pero hasta ahí llegaban con *Ragazzi*. Me decían que me fuera a Europa con ellos, ya que sería nuestro último tiempo juntos antes de que cada quien partiera en diferentes direcciones, a nuevos destinos. Me decían que la revista había funcionado gracias a que estábamos en la universidad. Ahora las cosas serían diferentes y *Ragazzi* no tendría el mismo éxito. Los escuché, los entendí, pero no estuve de acuerdo. Me quedé solo, pero satisfecho.

Antes del verano, y de que mis amigos se fueran de viaje y a sus diferentes destinos, nos invitaron a una gran fiesta privada en una hacienda de Guadalajara. Diría que fueron más de mil invitados. Yo estaba en una mesa con mi grupo de amigos, y un señor distinguido y su esposa se acercaron —eran muy conocidos en Guadalajara por sus negocios—. Él se presentó conmigo, me dijo que le gustaría proponerme un negocio, que estaba totalmente seguro de que sería de mi interés. Nos pusimos de acuerdo para vernos posteriormente en su oficina.

Días después me presenté en la oficina del gran empresario, la reunión no sólo fue muy amena, sino también asombrosa; este empresario tenía una de las revistas más poderosas de Guadalajara y ahora estaba interesado en comprarme mi revista. Sólo había un problema, que mi revista no estaba en venta, y menos cuando me reveló que su novia, o sea, su amante, una conocida conductora de televisión, estaba dispuesta a dejar su trabajo, que porque eso de la "artisteada" a él no le gustaba, y que ella le había propuesto que si le compraba una revista establecida y exitosa como la mía, ella dejaría la televisión.

Yo sólo sonreía, no daba crédito a lo que escuchaba y tampoco lo pensaba, ya que *Ragazzi* no estaba en venta. El señor, ignorando mis palabras, sacó un cheque, me lo puso enfrente y me dijo: "O lo tomas o lo dejas". Cuando vi la cantidad que me estaba ofreciendo no lo pensé dos veces e inmediatamente cambié de parecer y le vendí la revista.

Siempre serás compensado por el esfuerzo
que le pongas a las cosas.

PARA REFLEXIONAR:

Es casi increíble entender que cuando dejas atrás pensamientos negativos contra el dinero, trabajas en esas improntas que te marcaron en tu vida. Cuando te quitas esa mente pobre, y haces las cosas con pasión, el dinero fluye de manera increíble.

Haz lo que en realidad te apasione, si es estudiar para hacer algo que te entusiasma, hazlo con pasión. Si tienes que dejar un trabajo que te da cierta seguridad y te da miedo dejarlo para realizar lo que en realidad te apasiona, prepárate, estudia, adquiere las herramientas necesarias, trabaja en quitarte esa mente pobre antes de iniciar tu proyecto de vida.

No dejes que nada ni nadie se interponga en tu proyecto, me refiero a personas que sólo opinan por opinar sin saber nada al respecto, a personas que sólo hablan porque les gana la envidia, no las confundas con personas conocedoras, expertas y exitosas que sólo te desean el bien y que siempre te darán un buen consejo.

Una vez que estés preparado para convertir tu idea en una idea millonaria, esto quiere decir que ya no tienes pensamientos negativos contra el dinero, ya no tienes esa mente pobre, estudiaste, ya tienes las herramientas adecuadas, ya investigaste con personas expertas y exitosas, así que traza la primera meta para lograr tu propósito. Recuerda alejarte de cualquier persona o idea que te desvíe de tu objetivo, de lo contrario tardarás más en alcanzarlo y en muchos casos jamás llegarás.

Cuando llegues a tu meta, traza la siguiente y empieza a trabajar en ella hasta lograrlo de nuevo; diviértete, gózalo, hazlo con pasión, créeme, no hay mejor trabajo que el que te da ingresos haciendo lo que en realidad te apasiona.

Conoce lo que tienes, y entiende
por qué lo tienes.

Peter Lynch

10

CUANDO TE LLEGUE EL DINERO, SIEMPRE ANALIZA TODO ANTES DE TOMAR DECISIONES

El tiempo había transcurrido y mi noviazgo con Maricarmen había madurado. Era el año de 1996, yo sabía que ella era la mujer con la que quería casarme, pues era la primera mujer de la que me había enamorado, desde el día en que la conocí. En una ocasión estábamos en un restaurante de comida rápida y decidí en ese momento que ése sería el gran día.

Ella me esperaba sentada en una mesa y yo llegué con una charola y nuestra comida, puse una cajita de nuggets frente a ella y sin pensarlo le dije que me encantaría ser parte de su vida, y ella me contestó que yo ya era parte de la suya, entonces le pedí que abriera la cajita de nuggets. Cuando Maricarmen abrió la caja vio un anillo semienterrado en un nugget y se quedó totalmente sorprendida; fue el momento en que le pregunté si quería casarse conmigo.

Emocionada y llena de felicidad, aceptó, y aunque éramos muy jóvenes, nuestra relación había madurado y queríamos estar siempre juntos. Finalmente nos casamos y, como ella era de Guadalajara, decidimos quedarnos a vivir en su ciudad natal.

Meses después con el poco, por no decir nulo, trabajo disponible en arquitectura, pero gracias a la experiencia adquirida en la carrera y en la revista decidí abrir una agencia de publicidad llamada Plataforma Digital. Luego de varios meses me reuní con Jugo Pullido, uno de los productores más conocidos de Guadalajara, para proponerle que se asociara conmigo. Le ofrecí mi empresa; yo me encargaría de todo lo que tuviera que ver con publicidad, mercadotecnia y lo creativo, y de lo único que él se tendría que encargar sería de la administración y la producción a cambio del 50% de la empresa, una oferta difícil de rechazar. Aceptó de inmediato, sólo con la condición de que cambiáramos el nombre de la empresa por KP Publicidad, que eran las iniciales de Klarić Pullido Publicidad. Aunque era un proceso tedioso el que teníamos que realizar, era parte del trato y lo tenía que hacer yo, ya que la agencia estaba registrada a mi nombre.

Ahora entiendo que me precipité antes de haber estudiado bien a las personas, porque en aquel entonces no estaba totalmente convencido de haber tomado las decisiones adecuadas en cuanto a negocios se refiere. Sabía que a pesar de que Jugo Pullido era el productor más conocido de Guadalajara no tenía la mejor reputación, pero era muy hábil para los negocios, y sin importarme en aquel entonces pensé que había hecho lo correcto.

Lo que sí aprendí de mi madre es que si actúas bien te irá bien, pero no todos somos iguales, por eso es muy importante saber con quién te asocias para emprender cualquier proyecto. Una persona deshonesta, por más buena que parezca, siempre será deshonesta.

Era el año de 1998, todo parecía perfecto, la empresa iba de maravilla, Maricarmen estaba embarazada de nuestro primer bebé y planeábamos irnos de compras a San Diego, tanto para el bebé como para nosotros.

Un día revisando mis finanzas me di cuenta de que no tenía el dinero que quería para irme de vacaciones, ni de compras. Era inconcebible que me la pasara trabajando todo el día y no tuviera suficiente dinero para comprarme o gastarme lo que se me diera la gana.

Decidí hablar con mi socio y le expliqué que no era posible que yo trabajara y trabajara, casi sin ver la luz del día, y que no pudiera agendar unas vacaciones por falta de dinero, ¡eso me parecía insólito!

Para mi sorpresa sus palabras fueron de consolación y alivio, me dijo que no me preocupara y que la agencia me adelantaría dinero para que yo me pudiera tomar esas vacaciones tan bien merecidas. En ese momento pensé: "Qué buen socio me conseguí".

Sin desaprovechar el momento me comentó la idea de que invitáramos a su amigo del alma, El Pollo de Arriba, a que fuera nuestro director de Operaciones, para que hubiera mucho más flujo de efectivo en la agencia y que yo no estuviera batallando con dinero. Era un tipo que yo ya había conocido, antipático, y no me caía nada bien.

Pero Jugo, con esa habilidad que lo caracterizaba, me convenció de que el dinero era lo más importante en el negocio, y que con sólo ofrecerle a su amigo 2% de la sociedad podríamos crecer al doble, ya que él se encargaría totalmente de la operación de la agencia, Jugo a reclutar y atender a los clientes y yo a crear campañas espectaculares, que es en realidad lo que habíamos hecho, pues yo prácticamente no interactuaba con los clientes. La verdad es que el creativo era mi fuerte y la idea no era nada mala, pero la persona que sugería mi socio, desde mi perspectiva, era la persona equivocada. Le dije que lo pensaría y que le daría una respuesta.

Antes de tomar las vacaciones no dejaba de pensar en la propuesta que Jugo me había hecho, de trabajar menos y ganar el doble. En una ocasión, pensando en que ya prácticamente sería papá de Alex y que iba a necesitar más tiempo para dedicarle a mi familia, tomé la decisión. Finalmente le comenté a Jugo que aceptaba la propuesta que me había hecho.

Días después nos reunimos en la oficina, para ser precisos, en la sala de juntas. Estábamos Jugo Pullido, El Pollo de Arriba, el abogado y yo. El licenciado había hecho dizque una enmienda del acta constitutiva de la empresa donde le otorgamos 2% de la sociedad al Pollo de Arriba. Cuando me pasaron ese montón de papeles y sentí el grosor del expediente, pensé: "Qué flojera leer todo esto", así que lo hojeé mientras que El Pollo de Arriba los firmaba y se los pasaba a Jugo, que sin leer los firmaba. Finalmente me tocaba a mí, y sin terminar de leer las primeras hojas y al observar esa cantidad enorme de documentos, los firme prácticamente a ciegas.

El licenciado era uno de los abogados de Jugo y decían que era muy bueno, por ese motivo me sentía cómodo, sabía que haría las cosas muy bien. Jugo me pidió que pasara a su oficina porque tenía algo que entregarme. Para mi sorpresa me entregó dos fajos de billetes de 100 dólares cada uno, siendo esto un total de 20 mil dólares para que disfrutara de mis vacaciones, y me comentó que me estarían depositando lo de la nueva sociedad en los próximos días. Pensé: "Qué socio tan generoso", según él era un gesto de agradecimiento por una buena negociación. Eso me dejó un poco intrigado, o más bien muy intrigado.

Analiza muy bien a las personas
antes de tomar decisiones.

PARA REFLEXIONAR:

En el mundo de los negocios esperas que todos se manejen con integridad, y así debería de ser, desafortunadamente la realidad es otra. Debes de ser sumamente cauteloso con quién haces negocios, en quién confías, a quién le pides un consejo, una consultoría de negocio; debes de analizar todo, a la persona, lo que hace, con quién lo ha hecho, pide referencias, investiga. Recuerda que cuando se mueven emociones es muy fácil tomar decisiones equivocadas.

Por ejemplo, tienes una idea a la que le has invertido esfuerzo y ya la convertiste en una gran idea, el proyecto ya está listo y lo único que te falta es el financiamiento, pero te lo ofrece la persona equivocada, ¿harías negocio con ella?

Cuando algo te parezca que es demasiado bueno para ser verdad, lo más seguro es que no sea verdad, por eso es importante detectar esas señales incoherentes. Siempre date tu tiempo al tomar decisiones importantes, piénsalas, investiga, y si algo no te gusta, mañana terminará no gustándote, eso no cambiará, así que no te precipites a tomar decisiones importantes y recuerda que los proyectos importantes requieren de tiempo para analizar, implementar y generar.

Esta persona podrá ser lo que te haga falta, pero posiblemente no sea la indicada. Esto es de suma importancia, trata de hacer negocio con personas que tengan tus mismos ideales. Es increíble cómo cuando haces buenos negocios con personas que tienen tus mismos ideales nace una gran amistad, y eso es maravilloso, hacer lo que te apasiona, generar buen ingreso y llevarse de maravilla con las personas con las que te asocias.

No te apresures, debes de saber muy bien lo que quieres y con quién lo quieres hacer, no quieras forzar situaciones, porque las situaciones forzadas tarde o temprano querrán cobrar su libertad.

De aquel que opina que el dinero puede hacerlo todo, cabe sospechar con fundamento que será capaz de hacer cualquier cosa por dinero.

BENJAMIN FRANKLIN

11

SÉ PRECAVIDO PARA TODO, ANTICIPA, PREGUNTA Y ANALIZA

Como era costumbre, me encantaba irme de compras sin maletas y regresar cargado de maletas y regalos. Aunque soy considerado el mejor vendedor del mundo, estoy consciente de que también soy un excelente comprador.

Para mí, San Diego siempre ha sido un destino extraordinario para viajar, para ir de compras, es más, hasta para vivir, por algo está considerada la ciudad más fina de Estados Unidos.

Llegamos con sólo dos maletas; emocionados con la próxima llegada de Alex, comprábamos todo lo que se nos antojaba tanto para él, como para mi esposa y por supuesto para mí.

Mi delirio eran los zapatos, si eran de marca y eran *cool*, eran míos, pero en aquel entonces era tan inconsciente que me compraba siete pares igualitos pero de diferentes colores, era una locura. Y así era para muchas cosas, lo cual era parte del por qué siempre ganaba mucho dinero pero nunca lo retenía.

Nuestras vacaciones en San Diego fueron prácticamente de *shopping*, si Maricarmen estaba dispuesta yo le seguía la onda y nos íbamos todo el día de compras. Después de una semana tuvimos que regresar a Guadalajara, pero fue curioso, ya que llegamos al hotel en un carro pequeño y dos maletas, y para el regreso tuvo que llegar una camioneta por nosotros, no porque fuéramos más, éramos los mismos pero ahora con 10 maletas, y me refiero a maletas de las grandes. Fueron unas vacaciones que hacían falta y la pasamos de maravilla, pero era hora de regresar a la realidad.

Al día siguiente llegué a la agencia con las pilas bien puestas, motivado y descansado. Al entrar la recepcionista me saludó de una manera muy extraña, como si tuviera algo que decirme pero no supiera cómo decírmelo; yo no entendía su actitud y ella sin pensarlo me siguió, me trató de detener con palabras pero no le hice caso y continué hasta llegar a mi oficina, donde vi que había un agente de seguridad parado en la puerta, que me dijo: "Lo siento, señor, pero usted no puede pasar". Creía que estaba soñando, ¿cómo que no podía pasar si era mi oficina? El agente de seguridad me dijo que lo sentía, pero que órdenes eran órdenes.

Yo pensaba: "Órdenes de quién, si ésta es mi oficina, ésta es mi empresa, mi agencia, y las órdenes las doy yo". Ya no parecía un sueño sino una pesadilla, todavía el agente de seguridad me dijo que el abogado me esperaba en la sala de juntas.

Enfurecido, como si fuera con la espada desenvainada, me dirigí a la sala de juntas, mientras todos en la agencia me veían atentos. En la sala de juntas estaban El Pollo de Arriba y el abogado de Jugo, y vi sobre la mesa dos cajas de cartón con mis cosas personales de mi oficina; no entendía lo que estaba pasando, pero mi enojo era obvio. Pedí de manera aleatoria una explicación, y llegué a pensar que esto era una broma, muy pesada pero una broma. Pregunté dónde estaba Jugo, quien en realidad era mi socio. El déspota de El Pollo de Arriba no tardó en darme respuesta y me dijo que se encontraba de vacaciones porque él sí se las merecía. Me dieron ganas de torcerle el pescuezo como lo hacen en las rancherías con los pollos, mientras pasaba por mi cabeza:

"Par de descarados, el que se la pasa partiéndosela creando todas esas campañas exitosas soy yo y este idiota me sale con esto".

Lo ignoré y me dirigí al abogado exigiendo una explicación, pero él sólo agachaba la cabeza sin decir palabra alguna, ni siquiera tenía el valor de verme a los ojos, sin embargo, el cínico de El Pollo de Arriba me dijo que sería breve y conciso para que yo entendiera: que el 2% que le habíamos cedido a él, ya se lo había cedido a Jugo, y que mi 49% lo había cedido yo a los nuevos socios, y que Jugo, al ser ahora el socio mayoritario, había tomado otras medidas. Según yo no había firmado nada de eso porque en eso no habíamos quedado, pero el muy descarado me confirmó que lo que había firmado era precisamente una sesión de derecho de acciones y que a ellos como testigos les constaba dicho acontecimiento. Yo estaba enfurecido, no daba crédito a lo que sucedía, le dije que era un loco, déspota, mentiroso y ratero. Me dirigí al abogado y con un tono fuerte le exigí respuesta, pero sin voltearme a ver sólo me dijo que lo que El Pollo de Arriba me había dicho era verdad.

O sea, me estaban robando la agencia que yo había construido, estaba desesperado, no entendía por qué ni cómo me podían hacer esto. Entraron dos agentes de seguridad y El Pollo de Arriba, sin aguantar más las ganas de seguirme humillando, me dijo: "Las órdenes de Jugo son que te eche de la agencia". Les indicó a los agentes que me acompañaran hasta la puerta principal, es decir, que me echaran a la calle. En ese momento entendí que me habían robado de una manera muy bien orquestada la agencia que yo había construido y que cualquier otra cosa que yo dijera o hiciera en ese momento sería en vano. Sin tener más armas de defensa, agarré una de las cajas y uno de los agentes la otra; al salir de esa sala de juntas, mientras caminaba por el pasillo con los ojos llenos de lágrimas, veía de reojo a toda esa gente que había trabajado para mí, que me veían con lástima sin decir palabra alguna; ese pasillo se me hizo eterno, finalmente me habían echado de mi propia agencia.

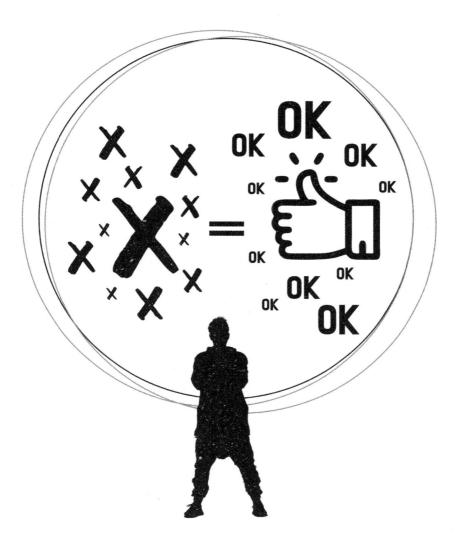

Aprende lo bueno de todo lo que te suceda.

PARA REFLEXIONAR:

Ciertas lecciones son difíciles de digerir, sobre todo aquellas que son injustas, por eso es de suma importancia hacer la tarea antes de hacer negocios con alguien, ya que no todo lo que parece bueno, es bueno, sobre todo en los negocios. Recuerda analizar muy bien a las personas, investigar lo que han hecho, pedir referencias, darles seguimiento y que las personas con las que vayas a hacer negocio tengan tus mismos ideales y valores similares.

Como ya lo aprendimos hay personas con dinero pero con una mente pobre, aléjate de ellas, no te contamines, aunque tengas que empezar de nuevo. Para poder quitarte esa mente pobre tienes que querer y aplicar lo que tengas que hacer para lograrlo.

Uno debe de aprender de cada experiencia y quedarse con lo mejor, por muy dura o injusta que sea. En el caso de Jürgen, imagínate seguir siendo socio de una persona así, qué desgaste emocional y pérdida de energía le hubiera generado esa sociedad, en un entorno sumamente tóxico. El haber roto esa relación de negocio fue lo mejor que le pudo haber pasado. Es triste que haya sido bajo esas circunstancias, pero al final fue lo mejor.

No puedes ser responsable de los actos de los demás, sólo de tus propios actos, así que aprovecha cada experiencia, aprende y sigue adelante. No importa cuántos tropiezos tengas o cuántas veces te caigas, lo importante es las veces que te levantas para lograr tu objetivo, tu idea, esa gran idea, convertida en un proyecto, en uno millonario.

*¡Hay tantas cosas en la vida
más importantes que el dinero!
¡Pero cuestan tanto!*

GROUCHO MARX

12

SI NECESITAS AYUDA PÍDELA, LO PEOR QUE TE PUEDE PASAR ES LO QUE YA TIENES

Desesperado por lo que me había pasado decidí pedirle ayuda a mi suegro, él le había pedido a un gran amigo, don Germán, un hombre poderoso, que escuchara lo que me había sucedido para ver qué se podía hacer para recuperar mi agencia.

Después de haber revisado y analizado toda la documentación, don Germán me informó que desafortunadamente no había nada que se pudiera hacer, ya que todo los documentos estaban en orden, habían sido firmados por mí, y los testigos y el notario habían dado fe de lo acontecido y ya estaba todo registrado, y que lo único que podía hacer era recuperar el documento de competitividad que yo había firmado, ya que nadie te puede impedir que vendas tu talento intelectual; hasta eso me habían hecho firmar entre tanto papel. Es increíble la manera en que me habían robado mi propia agencia, aún seguía pensando que esto era una pesadilla.

Me reuní con mi buen amigo Eduardo Caccia, tremendo estratega de marcas, escritor y conferencista. Conversando sobre lo sucedido, no daba crédito a lo que me habían hecho, pero los dos estábamos convencidos de que estaría mejor sin ese par de bandidos, por lo que me ofreció su apoyo, decidimos asociarnos y abrimos Branding Group.

Empezamos a trabajar arduamente con varios clientes como la Secretaría de Hacienda, hoteles Fiesta Americana, Mexicana de Aviación, Megacable y otras marcas exitosas.

Después de varios años de arduo trabajo logré recuperarme; mi gran apoyo fue Maricarmen y los motores, mis hijos, Alex, ya de tres años, y mi hija Daniela, de dos. Como soy arquitecto, finalmente pude diseñar la casa que siempre había deseado, y cuando les di la sorpresa, Maricarmen y mis hijos estaban llenos de felicidad.

En una ocasión, en las oficinas de Branding Group en Guadalajara, Eduardo se preparaba para una conferencia que iba a dar, y le pregunté que si le agradaba hacer eso. Lo curioso de esa pregunta fue que, después de contestarme que le interesaba dejar algo positivo a la gente, me comentó que con mi personalidad y mi capacidad intelectual podría ser un gran conferencista, lo cual me causó gracia porque yo no era capaz de hablar en público.

En aquel tiempo, y hasta la fecha, estábamos muy metidos en la investigación antropológica y teníamos el plan de abrir mercado en Estados Unidos; así fue como decidimos primero explorar el mercado de San Diego, donde las cosas iniciaron de maravilla. Sin embargo, el 11 de septiembre de 2001, cuando sucedió aquel terrible ataque terrorista con la destrucción de las torres gemelas y la muerte de 2 977 personas inocentes más los 19 terroristas, fue un día devastador no sólo para Estados Unidos sino para el resto del mundo. Fue el inicio de nuestro declive empresarial, o sea, nos empezó a ir mal, ya que todas las empresas estaban consternadas por lo sucedido y empezaron los miedos y las cancelaciones de nuestros trabajos de investigación. No dábamos crédito a lo que estaba sucediendo, con la motivación que habíamos llegado para abrir nuevo mercado y ahora tener que retroceder y prácticamente empezar de nuevo.

Afortunadamente por circunstancias de la vida, en esa misma época nos habían ofrecido la representación en México de Ogilvy & Mather Publicidad, y fue cuando decidimos tomarla y nos vimos en la necesidad de apuntar a la Ciudad de México. Así pasamos de Guadalajara, a San Diego y a la Ciudad de México. Las cosas mejoraron gracias a esa representación y a nuestra capacidad de hacer buena mercadotecnia.

= Ogilvy & Mather

Mientras más alto sueñes,
mejores serán los resultados.

PARA REFLEXIONAR:

Una vez sepas lo que quieres conseguir, qué y a quién necesitas para lograr tu propósito, entonces busca la ayuda necesaria, pero recuerda que en el pedir siempre está el dar, como pidas las cosas se te darán, no porque tengas la gran idea que se convertirá en un proyecto millonario quiere decir que debes cambiar la manera de pedir.

No te detengas en pedir lo que necesitas, lo peor que te puede suceder es que no pase lo que no ha pasado, pero no es la única persona ni la última, siempre habrá alguien más que entienda tu visión y se interese en tu proyecto, eso sí, siempre y cuando hayas hecho el trabajo necesario.

El trabajo necesario para cualquier emprendimiento o negocio es primero trabajar en todas esas improntas negativas referentes al dinero, trabajar en liberar esa mente pobre, analizar, investigar a cualquier persona con la que quieras hacer negocio y cerciorarte de que tengan los mismos ideales y valores similares.

Incluso habrá situaciones en que tengas todas las piezas del rompecabezas que necesitas para armarlo a la perfección y habrá situaciones fuera de tu control que no te permitirán lograr tu propósito en el tiempo destinado. En ocasiones tendrás que iniciar de nuevo, no importa cuántas veces te tropieces o te caigas, lo más importante es cuántas veces te levantes para lograr tu propósito; cada experiencia te dará más inteligencia, y cada vez estarás más cerca de lograrlo, no hay nada como una experiencia vivida, ése es tu mejor aprendizaje.

Todos necesitamos personas que nos retroalimenten. Así es como mejoramos.

BILL GATES

13

TODO LO QUE TE PROPONGAS LO PUEDES LOGRAR, ES CUESTIÓN DE CREERLO

En 2005 estábamos en la casa de Guadalajara, recuerdo que nos visitó una amiga, corredora de bienes raíces acompañada de Ramón Ramírez, el nuevo ídolo de las Chivas del Guadalajara, y su esposa; fue una visita tranquila, disfrutamos de unos bocadillos y bebidas refrescantes. El motivo de la visita era porque Ramón y su esposa estaban interesados en comprar nuestra casa. Yo estaba apenado porque ya le habíamos dicho a nuestra amiga que la casa no estaba en venta, sin embargo, al parecer Ramón y su esposa insistían en conocerla ya que era una casa única con un diseño *súper cool* —claro, yo la había diseñado—, de hecho era tan bonita que la esposa de Ramón, sólo al verla por fuera, ya le había dicho que ella se iba a vivir a Guadalajara con la condición de que le comprara nuestra casa.

Antes de despedirnos Ramón sacó un cheque en blanco y me lo entregó, con la indicación de que le pusiera la cantidad que consideráramos que valía nuestra casa y que, dependiendo de la cantidad, él sabría si firmaba el cheque o no. Le reiteré una vez más que la casa no estaba en venta, pero él insistió en que me quedara con el cheque y que, si cambiaba de parecer, también le pusiera el precio de los muebles; nosotros nos quedamos sorprendidos por su interés.

La insistencia por parte de nuestra amiga sobre qué habíamos decidido era constante, hasta que días después decidimos ponerle una cantidad por encima del valor de la casa, incluyendo todos los muebles, y finalmente le entregamos el cheque para que ya no insistiera tanto. Al día siguiente nos regresó el cheque firmado por la cantidad de un millón de dólares.

Ésta era la primera vez que yo tenía más de un millón de dólares junto y mío exclusivamente en mi cuenta de banco, pues a pesar de que había ganado mucho dinero, nunca había sido capaz de retener esas cantidades para mí.

De hecho me llegué a sentir culpable por haber vendido mi casa en esa cantidad, y eso es tener una mente pobre, porque según yo no había hecho tanto esfuerzo para que me entregaran esa suma de dinero.

Lo peor es que me sentía en peligro constante, pensando muchas pendejadas como que alguien nos lo quisiera robar o nos fueran a secuestrar. Entonces decidí buscar en qué invertirlo en lugar de tenerlo guardado en el banco; la idea de inversión no es mala, al contrario, es lo mejor, pero si sabes invertir inteligentemente.

Meses después se me ocurrió hacer una mega inversión en uno de los restaurantes de moda en Guadalajara, le metí una lana a la remodelación y por fin abrí el restaurante Deva, un negocio que no tenía ni idea de cómo manejar, pero eso sí, con un concepto muy *cool*. También se me ocurrió invertir en unas mueblerías en San Diego, Miami y Houston, otro negocio del cual no sabía nada sobre su operación.

En resumen, al transcurrir sólo un año de haber recibido un millón de dólares, mi contador me dijo que estaba en quiebra. Él ya me había dicho que iba muy rápido, pero yo con dinero, mi acelere y mi ego quería demostrarles a los que me habían hecho daño y a mis amigos que era alguien importante; cuando al fin lo entendí ya era muy tarde, sin necesidad de demostrarle nada a nadie, yo ya era alguien importante.

Me resigné a aceptar mi realidad. Ya me había gastado el millón de dólares que nos habían pagado por la casa, más la deuda de 200 mil dólares que tenían mi mamá y mi hermana, la cual yo había propiciado para los negocios, fue un golpe muy duro: me llegué a sentir de pobre rico millonario, a rico, a pobre.

Elegí mantener a la familia unida y le propuse a mi mamá y a mi hermana que regresaran a Miami y que yo me quedaría con la deuda del banco, sin saber cómo y cuándo iba a pagarla, pero estaba consciente de que una cosa sí sabía hacer, y que no importaba cuántas veces me cayera siempre y cuando me supiera levantar y continuar, saldría avante. Así que decidí emprender de nuevo.

La vida es un aprendizaje, quédate con
lo bueno de cada experiencia.

PARA REFLEXIONAR:

Lo peor es trabajar, crear algo extraordinario y no saber el valor de tu propia creación, ¿cuánto cuesta la pasión que le pones a tu proyecto?, ¿por cuánto venderías la pasión? Sin pasión nunca lograrás construir un negocio millonario, entonces ¿cuál es el valor de tu pasión? El valor que le des a tu proyecto y el que te paguen o valúen será el valor real, cualquiera que sea, no importa que te haya costado crestas y no dinero, hay cosas más valiosas que el dinero y eso difícilmente lo puede entender una persona con mente pobre.

Una vez que hayas trabajado en los pensamientos negativos en cuanto al dinero, las improntas relacionadas con una mente pobre, hayas creado tu proyecto y hagas las tareas para elegir al candidato correcto para tu proyecto, entenderás que el límite sólo está en tu mente, tú decides hasta dónde quieres llegar, y si tú te la crees, lo más seguro es que te la crean y si te la creen lo más seguro es que te la compren.

Cuando emites al universo el deseo de ser y hacer de corazón, emprendes con pasión, estás totalmente convencido de que tú también mereces recibir y te conectas con el dinero, sin resentimientos, recibirás lo que te corresponde. El valor que le des a tu esfuerzo podrá sobrepasar tus expectativas siempre y cuando hayas hecho tu tarea.

El precio es lo que pagas.
El valor es lo que consigues.

WARREN BUFFETT

14

NO IMPORTA CUÁNTAS VECES TE CAIGAS, LO IMPORTANTE ES VOLVERTE A LEVANTAR

¡Qué increíble!, hace algunos años vivíamos en una mega residencia y después de haber logrado tener un buen capital para aquella época, ya lo había malgastado todo. Me sentía perdido, pero era algo material, aún tenía el apoyo de Maricarmen y mis dos grandes motores, Alex de siete años y Daniela de cinco.

Totalmente quebrados sentía que quedándonos en Guadalajara no podría salir de las deudas, así que decidí intentar explorar de nuevo San Diego y ahí encontrar la respuesta para salir de esa tempestad.

Eduardo y yo ya habíamos acordado que con la apertura de operaciones en San Diego y contratando un equipo estadounidense para el lanzamiento de la neurociencia y la metodología, las cosas estarían mejor, y así fue cómo nació Mindcode. Eduardo ha sido un buen amigo, siempre me ha dicho que yo me podré caer una y otra vez, pero que siempre me levantaré.

Ese día estábamos en la oficina, ya era tarde, yo decidí quedarme a empacar algunas cosas. Mientras lo hacía revisaba unos papeles de una de las cajas que me había llevado de mi ex agencia, KP Publicidad, una caja que nunca desempaqué, y me llevé una gran sorpresa al encontrar el documento con el registro de KP Publicidad que estaba a mi nombre; la marca me pertenecía a mí, de lo cual ya ni me acordaba, y al verlo se me iluminó el rostro, no podía creerlo, fue como si me hubiera encontrado oro puro y en el momento en que más lo necesitaba.

Emocionado por cobrárselas, agarré una hoja de papel tamaño carta y escribí: "La venganza es dulce, mira lo que encontré", y sin pensarlo lo envíe por fax al ex socio que me había robado mi empresa.

Seguí empacando pero con satisfacción por lo que había hecho, seguro de que en unos días se tendrían que comunicar conmigo. Al terminar y a punto de recoger mis cosas para salir de la oficina recibí una inesperada visita de El Pollo de Arriba y sus escoltas, que entraron sin pedir permiso, los guardaespaldas al frente dirigiéndose hacia mí y El Pollo de Arriba detrás destruyendo todo lo que estaba a su alcance: los dos guardaespaldas me pusieron tremenda golpiza que me dejaron tirado en el piso, hasta que El Pollo de Arriba llegó a mi costado para amenazarme, diciéndome que les entregara el registro de la marca con todas las de la ley y, que si no, me atuviera a las consecuencias. El muy descarado no sólo me dio 30 días para que les cediera el derecho de marca, sino que al verme tirado en el piso me dio un puntapié en el estómago dejándome sofocado.

Analizando e investigando, descubrí que con este documento podría demandar con todas las de la ley y reclamar lo que me habían robado, pero sólo de pensarlo se me hacía desgastante y mejor decidí llegar a un mal arreglo que a un buen pleito. Le propuse al titular de KP Publicidad cederle los derechos de la marca por 200 mil dólares y de una vez por todas terminar con esta pesadilla. Sabía que lo que me pertenencia tenía un valor muy superior a lo que estaba pidiendo y no sólo eso, los hubiera podido evidenciar por lo que habían hecho y haberlos puesto en el ridículo más grande de su vida, pero la realidad es que yo ya no quería saber más de esa gente por el resto de mi vida. El tipo, que era ventajoso y hábil para los negocios, me ofreció 150 mil dólares, y como en ese momento necesitaba el dinero no lo pensé dos veces, era como recibir algo de lo que había sembrado.

Éste era el momento ideal para acelerar mi próximo emprendimiento, que era invertir en lo que ya llevábamos tiempo estudiando: la manera de descifrar los tres cerebros.

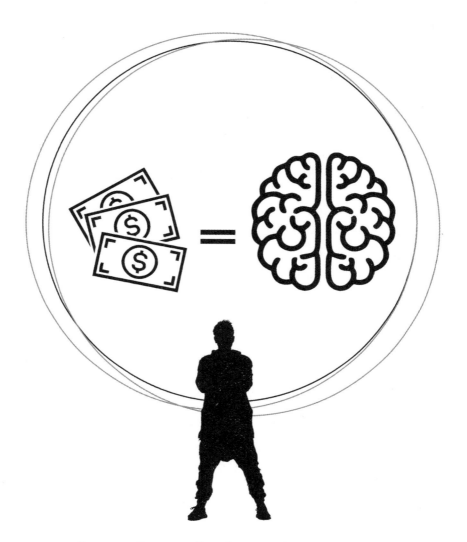

Lo que hagas, hazlo con honestidad,
si actúas de buena fe, te irá bien.

PARA REFLEXIONAR:

Podrás cometer errores, una y otra vez, lo importante es que aprendas de ellos para que no vuelvas a cometer los mismos errores.

Podrás caerte una y otra vez, no te rindas, el camino está marcado, síguelo y llegarás al final. Es como una calle que llega a una glorieta que era tu meta, y después de llegar a la glorieta puedes iniciar un nuevo rumbo, un nuevo camino.

El hecho de que tengas la razón, de que tengas más que los demás, no te da derecho a burlarte de ellos, lo único que provocarás es ira y eso no deja nada bueno.

La venganza no es dulce ni cura, te ayuda a saciar un momento de ira; la justicia te dará cierto confort aunque nunca sanará totalmente las heridas, pero el perdón te ayudará a redimir el pasado.

Si tienes la razón, continúa con tu plan, pero de manera congruente, si no tienes nada bueno que decir, mejor no digas nada.

Muchas veces nos topamos con la gente equivocada y tratamos de hacer las cosas bien aunque sean personas con diferentes valores e ideales, trata de evitarlas. ¿Podrían cambiar? Sí, pero no seas tú el tapete que tengan que utilizar para que cambien. Si vas a hacer algo con alguien y hay algo que no te gusta, terminará no gustándote, así es que mejor busca a las personas idóneas para tu proyecto de vida, que es como tu bebé; ahora piensa si serías capaz de encargárselo a cualquiera. Con este mismo cuidado debes de seleccionar a las personas con las que quieres hacer negocio, porque es maravilloso poder entablar amistad con tus socios, y que en caso de que, por equivocación, se cometan errores, encuentres el apoyo en ellos, y cuando acierten en sus decisiones, puedan celebrar juntos los éxitos.

Puedes engañar a todo el mundo algún tiempo. Puedes engañar a algunos todo el tiempo. Pero no puedes engañar a todo el mundo todo el tiempo.

ABRAHAM LINCOLN

15

SI CREES FIRMEMENTE EN TU SUEÑO Y LO DEMUESTRAS CON TUS ACCIONES TE LO CREERÁN

Por fin ya estaba investigando y trabajando en todo lo que necesitábamos para descubrir, definir y entender los tres cerebros. Me encontraba en las oficinas de Qualcomm en San Diego, un ingeniero de esta empresa me mostraba los modelos más avanzados de cascos que habían desarrollado para el gobierno de los Estados Unidos —y a los cuales sólo el gobierno tenía acceso—, uno de los cuales era utilizado por las fuerzas armadas de ese país y por la NASA para hacer mediciones de los estados emocionales de sus soldados y astronautas durante sus misiones.

Esto era lo que nosotros necesitábamos para entender y descifrar el cerebro; para nuestra suerte era uno de los cascos que ya podían vender a empresas de investigación y desarrollo. Ese modelo, que era el ideal para Mindcode, costaba 100 mil dólares, así que sin dudarlo compré el casco que nos ayudaría a entender cómo piensa en realidad la gente.

Este casco constaba de 21 canales y sensores activados y podíamos identificar con precisión las emociones de los consumidores, de esta manera obteníamos datos exactos para poder venderle fácilmente a la mente y no a la gente. En estos estudios se involucraron neurocientíficos, antropólogos, expertos en innovación, ingenieros en sistemas, mercadólogos y psicólogos.

Lo que hacíamos era ponerle el casco con sensores a una persona que se encontraba sentada frente a un monitor que registra su actividad eléctrica cerebral. Así observamos las reacciones de la persona conectada, frente a cierto estímulo de un comercial de televisión.

Eduardo y yo empezamos a visitar a grandes empresas, los clientes estaban incrédulos, asombrados, emocionados e interesados. El servicio era caro pero muy preciso, y eso era de gran valor para las empresas.

Yo ya estaba sintiendo el éxito de nuevo y sin perder tiempo decidí comprarme una casa en San Diego, en la llamada "ciudad más fina de Estados Unidos". Aunque no tenía todo el dinero la compré a crédito, ya que el próximo éxito alcanzaría para pagar esta casa y comprarme otra.

Al poco tiempo comenzó la crisis económica del 2007 que sacudió a Estados Unidos, y por supuesto nosotros no estuvimos exentos de esta sacudida. Todos los clientes de las empresas estadounidenses empezaron a cancelar el proyecto hasta nuevo aviso, ¡todas! Nos quedamos de nuevo en ceros. No entendía lo que pasaba, parecía un *déjà vu*, como si fuéramos de nuevo a la quiebra.

Después de darle vueltas en mi cabeza se me ocurrió la brillante idea de que Tijuana, México, al estar a un paso de la frontera con San Diego, podría ser nuestra salvación. De nuevo nos dimos a la tarea de visitar varias empresas mexicanas y explicarles sobre la consultoría de neuromarketing con Mindcode, y que ésta les permitiría crecer de manera inmediata sobre sus competidores. Entonces empezamos a ver resultados positivos. Nuestro equipo del neurolaboratorio en Tijuana constantemente hacía pruebas con personas para determinar si el estímulo de un mensaje en la categoría de gráficos de diferentes clientes eran las formas adecuadas de comunicación. Gracias, Tijuana, fuiste nuestra salvación.

Te podrán decir muchas veces que no, pero es parte de la preparación mientras llega el sí.

PARA REFLEXIONAR:

Siempre he dicho que si haces las cosas con pasión, y crees de corazón en tu proyecto, seguramente te lo creerán, y si te lo creen lo más seguro es que te lo compren.

Recuerda que te mereces todo lo que le hayas declarado al universo, no tengas temor, también tienes derecho, el mismo que cualquier otro rico o millonario.

El mapa que uno se traza para llegar a la meta no siempre suele ser el correcto, puede haber un camino derrumbado y tendrás que tomar otros atajos, esto es parte del aprendizaje, sólo te hará más experto y te dará mayor inteligencia. Si te estacionas y te quedas así, no te acercarás a tu meta, la única manera de acercarte es continuar con tu camino y al final llegarás a tu destino.

Prepárate para el éxito, para ser una persona rica, millonaria, próspera. Tienes que trabajar en todos esos pensamientos negativos en cuanto al dinero, en las improntas referentes al dinero que te marcaron, en aplicar las herramientas correspondientes para hacer negocio con las personas adecuadas, elegir con quién quieres compartir tu éxito.

*Los ganadores no tienen miedo de perder,
los perdedores sí. Fracasar es parte
del proceso del éxito. La gente que evita
el fracaso también evita el éxito.*

ROBERT T. KIYOSAKI

16

QUE EL MIEDO NO TE DETENGA PARA BUSCAR NUEVAS OPORTUNIDADES DE NEGOCIO

En una ocasión estando en San Diego había hecho un análisis de lo que hubiera pasado si no hubiera sido por Tijuana, ¿hubiéramos quebrado? Consciente de que el hubiera no existe, estábamos viviendo el presente, pero aun en el presente sabía que en Tijuana ya no había mucho que hacer y San Diego seguía en recuperación por la crisis reciente que había afectado a toda la nación.

Contacté a todos los que conocía para informarles sobre la tecnología que teníamos y lo que hacía. Una amiga mía, Malika, que había radicado en San Diego y que en aquel entonces vivía en Miami, me comentó que Miami sería una excelente opción para traer la consultoría de neuromarketing, ya que a pesar de los acontecimientos recientes como el acto terrorista del 9/11 y la crisis económica que había sufrido Estados Unidos, Miami era una de las ciudades pujantes que estaban saliendo adelante, y que consideraba muy oportuno ofrecer nuestros servicios.

Ella me explicó que algo parecido le había sucedido cuando llegó de San Diego a Miami, ya que ahí podía vender el mismo producto que vendía en San Diego para yates, pero que en Miami se ganaba mucho más billete y billete del grande. Me dejó muy pensativo.

De nuevo parecía un *déjà vu*, me lo decía una y otra vez, salgo de una deuda, genero capital, invierto en un nuevo proyecto y a la chingada, eso era tener ¡¡mucha pinche mente pobre, huevón!! Hablé con mi socio y amigo Eduardo, quien siempre veía el lado positivo de las cosas, y me dijo que era parte de nuestro aprendizaje, que veníamos a aprender y que la mejor lección eran los golpes de la vida. Aunque eran palabras muy alentadoras yo sabía que algo no estaba bien, no sabía qué, cómo, por qué, pero estaba seguro de que lo iba a descubrir. Decidimos que yo me iría a Miami y él se enfocaría en Guadalajara.

Con el apoyo de Maricarmen y mis dos grandes motores, Alex y Dani, nos mudamos a Miami. Al llegar me recibió Malika con excelentes noticias, ya me tenía tres clientes interesados en la consultoría de Mindcode.

Uno de ellos era la disquera de Ricky Martin, el otro la de Shakira y el tercero era uno de los despachos inmobiliarios de Donald Trump. Esa humedad con la que por lo regular te recibe Miami para mí fue como un nuevo aire de grandeza para el progreso de nuestro proyecto.

La visita de mi primer cliente en Miami fue con Sony Records. Según por la situación en la que se encontraba en aquel entonces Ricky Martin, la disquera no estaba dispuesta a invertir en un estudio de esta magnitud. *Strike one*, de nuevo me empezaban a llegar esos pensamientos de mente pobre: "Y si me va mal, y si no logro los objetivos, cómo le voy a hacer", etcétera.

Sabía que con esos pensamientos frenaba el avance de lo que quería lograr. Estaba consciente de que algo estaba mal, pero lo que en realidad quería era descubrir qué era lo que estaba mal y cómo remediarlo.

Mi segundo intento: visité una de las la inmobiliarias de Donald Trump. Cuando les expliqué que utilizábamos un equipo especializado con tecnología de punta para estudiar a cierto número de personas durante una evaluación para acertar en cómo ofrecer su producto y vender mucho más en el menor tiempo posible, no lo pensaron más e iniciamos con un contrato muy representativo. Éstos sí tenían mente millonaria.

El dinero y los clientes fluían. En una visita de negocios con Epic Records en Miami me contrataron para la consultoría del próximo álbum de Shakira, *Hips don't lie*.

En cuanto empecé a ver el dinero fluir, lo primero que hice fue ir a comprarme un auto familiar, pero al pasar por la agencia Porsche en Miami me dije: "Sólo voy a ver los Carrera porque pronto me compraré uno". Un par de horas después salí de la agencia conduciendo mi nuevo Porsche Carrera, último modelo.

Acto seguido nos compramos una casa bellísima en una de las mejores áreas de Miami, y a pesar de todo a veces me preguntaba si en realidad me la merecía. Era increíble cómo conscientemente direccionaba mis pensamientos a una mente pobre, aunque fueran segundos; sabía que eran improntas que me estaban marcando y había algo que no me dejaba retener el dinero.

Te mereces lo que tú quieras porque
todos tenemos derecho a la riqueza.

PARA REFLEXIONAR:

Para poder evadir cualquier obstáculo en el crecimiento financiero es de suma importancia trabajar primero en tu persona, en cambiar las envidias por buenos deseos, tanto para ti como para los demás. Debes cambiar ese resentimiento por un sentido de aceptación, trabajar en las improntas que te han marcado y te han obstaculizado para poder conectarte con el dinero, pues no fueron más que ideas de alguien con mente pobre, ésa es una realidad. Las personas que trabajan de corazón en sí mismas y se analizan logran lo deseado y lo que emitieron al universo, ésa es la ley de la atracción, el dinero siempre ha estado ahí, sólo hay que saber cómo atraerlo.

Después de haber trabajado en ti, si lo que visualizas es bueno, lo investigaste, adquiriste las herramientas necesarias, te acercaste a personas exitosas, obtuviste las consultorías adecuadas y todo confirma que tu visión tiene futuro, será un futuro con abundancia. Aun así recibirás muchos *no* como respuesta, pero siempre habrá alguien que entienda y comparta tu visión.

Un *no* no es una derrota, simplemente no hay compatibilidad, no se comparte la misma visión; un *no* sólo te dará mayor experiencia y más inteligencia, te dará más fuerza y te acercará cada día más a tu objetivo. En ocasiones tendrás que salir de tu zona de confort para encontrar la pieza que te falta para completar tu proyecto. Para alcanzar la riqueza no debes permitir que los pensamientos que te frenan te invadan, de ninguna manera, porque sólo nublarán tu visión.

Así como muchos, tú también tienes todo el derecho de ser millonario, todo es cuestión de cómo lo decretes, cómo trabajes para acercarte cada día más a tu objetivo y que cumplas con todo lo necesario para llegar a donde quieras.

El camino hacia la riqueza depende fundamentalmente de dos palabras: trabajo y ahorro.

BENJAMIN FRANKLIN

17

EL INICIO DE MI TERAPIA PARA QUITARME ESA MENTE POBRE

Malika y yo teníamos un amigo en común, Ingin, un millonario hindú al cual tenía tiempo de no ver; al enterarse de que me mudaba a Miami le pidió a Malika que me dijera que no dejara de llamarlo. Así lo hice, primero nos reunimos Maricarmen, nuestra amiga Malika e Ingin y su esposa Aisha, fue una velada muy agradable. Cuando llegó la cuenta él insistió en pagarla, lo cual me llamó la atención porque cuando la mesera que nos atendía llegó con la cuenta, él le preguntó el total y ella sólo le dijo 400 y fracción. Sin ver el recibo él sacó siete billetes de 100 dólares, se los entregó y le dijo que de ahí se cobrara y que el resto era para ella. A esa mujer se le iluminó el rostro de felicidad y yo me quedé asombrado; llegué a pensar que había querido impresionarla, pero no tenía sentido.

Semanas después me reuní con él en un restaurante para cenar, y cuando llegó la cuenta Ingin insistió en pagar. No eran ni 200 dólares pero le entregó a la mesera tres billetes de 100 dólares y le dijo que el resto era para ella. A esa chica también se le iluminó el rostro, y nuevamente pensé si le habría gustado la chica, pero nada que ver, aparte su esposa era una mujer guapísima.

Ingin había pasado por mí, y cuando llegó el valet con su Lamborghini último modelo le dio al chico un billete de 100 dólares.

Él no lo podía creer, hasta le dijo que se había equivocado de billete. Ingin le aseguró que no se había equivocado, que ese billete era para él y a éste se le iluminó la cara. Yo sólo observaba lo que pasaba y veía cómo se les transformaba el rostro de felicidad a las personas que recibían el dinero que Ingin les entregaba con amor. Me preguntaba qué le estaba pasando a mi amigo.

Ingin me pidió que lo acompañara a un antro, al más popular de esa época. Al llegar y descender de su auto tenía que pagar 30 dólares por el valet, sin embargo, Ingin sacó 150 dólares y se los entregó al encargado seguido de un: "Gracias, Miguel". Al parecer Miguel estaba acostumbrado a recibir esas propinas por parte de Ingin, pero aun así se le iluminó el rostro. Al llegar a la entrada el cadenero nos pasó de forma inmediata e Ingin le dio un billete de 100 dólares. Qué extraño, si ya estábamos adentro, ¿para qué le daba tanto dinero?

Nos sentaron en la mejor mesa VIP. El desfile de mujeres por la mesa no paraba, Ingin había pedido una botella carísima y disfrutamos de unos tragos; ésta fue una de las primeras veces que empecé a tomar, y creo que fue el inicio de mi desenfoque en el negocio. Al final le dejó al mesero más de 300 dólares de propina y de nuevo me llamó mucho la atención su comportamiento.

El tiempo había pasado y las cosas no estaban fluyendo como yo me lo esperaba, y aunque no quería no dejaba de pensar en los compromisos que tenía y que el trabajo decrecía; lo peor es que se venía en Miami una crisis en la industria inmobiliaria, que era el mercado de uno de mis clientes principales. A unos días me reuní con Malika, quien me dijo que consideraba que yo estaba caminando más rápido que mis clientes. En realidad tenía razón, a pesar de que me entraban cantidades importantes de dinero, sólo las veía pasar, no me quedaba con lo que en realidad me debía de quedar, pero desde mi perspectiva eso era normal, ya que ésa era la historia de mi vida.

Un día me comentó que si seguía así, siempre iba a estar quebrado porque tenía una mente pobre, y que mientras no cambiara esa pendejada de pensar así, seguiría igual.

Aproveché para decirle que si quería escuchar lo que para mí era una pendejada: ver cómo nuestro amigo Ingin regalaba billetes de 100 dólares por cuanto servicio le daban; desde mi perspectiva era increíble ver cómo derrochaba dinero de esa manera.

En una ocasión, en la oficina de Miami, estaba revisando algo en la computadora, cuando me interrumpió mi asistente administrativo para informarme que con lo que había entrado de dinero ese mes, y todo lo que había pagado, no alcanzaría para hacer los pagos correspondientes del carro y de la casa. Se me hizo de lo más común, pues el dinero entraba y salía, entonces le dije que no se preocupara, que en esos días entraría un cliente, y ella no muy convencida se retiró. Ese día tenía una comida con mi amigo Ingin.

Ingin y yo estábamos en un buen bistro de la ciudad de Miami disfrutando de un almuerzo. Parecía que las últimas veces ya sólo salíamos nosotros sin las esposas. Curioso al respecto le pregunté por qué prefería que saliéramos solos, y que si acaso a su mujer no le molestaba que fuera así. Se quedó mudo, llegué a pensar que se había molestado, pero al final rompió el silencio y me respondió que la verdad las cosas no estaban bien entre su esposa Aisha y él. Si no me lo hubiera dicho jamás me hubiera dado cuenta, todo parecía tan perfecto, sin embargo, ellos estaban totalmente desconectados.

Yo seguía muy intrigado por su comportamiento cuando salíamos, respecto a todo ese derroche de billetes, y sin aguantar más le pregunté por qué siempre le daba billetes de 100 dólares de propina a gente desconocida. Su respuesta inmediata fue: "Porque me da la gana", pero después me dijo que era algo mucho más profundo, que al dar sin pedir nada a cambio él recibía una cantidad de energía al ver cómo se les iluminaba el rostro cada vez que les daba dinero, que para él eso era lo máximo, energía universal.

Ahí fue cuando entendí y aprendí una gran lección: cómo comprar felicidad y cómo conectar con el universo.

Da sin pedir nada a cambio.

PARA REFLEXIONAR:

Para quitarte esa mente pobre tienes que entender y aceptar de corazón que todos, incluyéndote, tienen derecho a la riqueza. Agárrate de algo que te lo recuerde todos los días, no permitas que los pensamientos negativos contra el dinero invadan tu mente, busca lo positivo y piensa siempre que también lo mereces. No llega en automático, requiere de mucho trabajo y esfuerzo, pero se logra, todo estriba en que en realidad te comprometas a hacer todo lo que se requiere para lograr tu propósito.

Cuando logres tu objetivo, cuando ya te hayas ayudado a ti primero, a tus seres queridos, es increíble ayudar a otros, y lo mejor es enseñar a los demás cómo también pueden lograr lo que tú lograste. Ésa es la mejor recompensa que puedes recibir, el saber que alguien logró sus objetivos en parte gracias a lo que compartiste, es maravilloso.

Comprar felicidad, compartiendo parte de tu riqueza con otros, es fenomenal, ya que para el que menos tiene y recibe lo que no esperaba, lo que nadie le da, o algo que por el momento no se puede comprar, un gusto que no se puede dar, siempre será felicidad. El dar sin pedir nada a cambio te dará una energía y una conexión con el universo de manera única.

*Nunca gastes tu dinero antes
de haberlo ganado.*

THOMAS JEFFERSON

18

CUANDO DESCUBRÍ CÓMO CONECTAR CON EL DINERO

Semanas después, las cosas no iban nada bien, el negocio empeoraba, mi asistente ya tenía que filtrar las llamadas porque me hablaban hasta de la compañía de la hipoteca de mi casa para exigir el pago de esta y amenazaban con embargar, y de la agencia automotriz, exigiendo el pago del carro o de lo contrario me lo iban a quitar, y por si fuera poco hasta de dos bancos hablaban para solicitar el pago de las tarjetas de crédito. Yo ya me sentía sofocado y desesperado. Aunque en meses anteriores habían entrado cantidades importantes de dinero y había pagado a proveedores, lo increíble era que no había alcanzado para mis gastos personales, entonces revisé el saldo de mi cuenta y contaba con 1500 dólares; había tocado fondo, no podía ser posible que de nuevo estuviera quebrado, así que decidí hacer algo al respecto.

Me reuní con mi amiga Malika y después de haber analizado y comprendido el comportamiento de Ingin, le comenté que lo que hacía nuestro amigo, lo hacía con mucha inteligencia, ya que al dar y ayudar sin pedir, ni desear nada a cambio, se abrían las puertas del universo, pero lo que nos llamaba la atención era cómo podía estar tan conectado con el dinero y no con su esposa. Sin embargo, analizando los ejercicios de Ingin, entendí que una cosa es estar conectado con el dinero y otra es ser próspero en todo.

Era increíble que acabara de descubrir este aprendizaje, que yo estuviera tan desconectado del dinero, y aunque siempre había pensado en millones, había sido de mente pobre. Todos esos mitos que me habían inculcado desde niño —"que el dinero es una mierda", "que si eres rico no habrá cupo en el reino de Dios", "qué miedo tener tanto dinero", "que si tienes dinero te van a secuestrar" —, inconscientemente habían provocado que durante mucho tiempo tuviera una mente jodida, ésa era mi realidad, tenía la típica mente pobre, estaba totalmente desconectado del dinero.

Con el afán de ayudarme mi amiga me recomendó un libro —hoy en día uno de mis libros predilectos—: *Los secretos de la mente millonaria*, de T. Harv Eker. Y aprovechó para recomendarme con una extraordinaria *coach* y entrenadora ontológica que conocía. Dentro de mi desesperación y frustración, y después de haber descubierto lo grandioso que puede ser conectarse con el universo, decidí comunicarme con ella para hacer una cita. Me dijo que el costo por el paquete de terapias sería de 1 200 dólares, pero en ese momento sólo contaba con 1 500 en efectivo. Sabía que no podía seguir con ese tren de vida y con lo que había descubierto sólo me faltaba la guía de un experto para que me indicara la dirección adecuada para iniciar el proceso de quitarme de una vez por todas esa mente pobre, así que decidí invertir en mí.

Ya en la oficina de la *coach* ontológica me recosté en un sillón y ella se sentó en una silla frente a mí; con los ojos cerrados le contaba sobre las improntas que recordaba de cuando era pequeño relacionadas con el dinero: "Que el dinero era una mierda, que equivale a pleito, que si tienes dinero es porque algo andas haciendo mal, que el dinero equivale a narcos, que el dinero equivale a miedo".

Al finalizar mis terapias entendí que existen millones de personas que están totalmente desconectadas del dinero, de la prosperidad y del universo, y yo era una de ellas. Aunque había quedado quebrado, estaba totalmente convencido de que eran los 1 200 dólares que mejor había invertido en toda mi vida. Ahora sí sabía lo que tenía que hacer para quitarme esa mente pobre.

POBREZA = RIQUEZA

Cualquier persona que lo desee se
puede quitar la actitud de mente pobre.

PARA REFLEXIONAR:

¿Qué es tener mente pobre? Cualquier pensamiento negativo hacia el dinero. Tienes que entender que el dinero es maravilloso, ayuda mucho y compra felicidad. No puedes querer ser millonario cuando tienes sentimientos encontrados, sería una incongruencia lo que deseas y lo que piensas. Recuerda que la mente es sumamente poderosa. Cuando alguien dice: "Con lo que tengo estoy bien", es el mensaje que le está enviando al universo y la mente lo entiende perfectamente, entonces no esperes más. El pensar que los ricos son malas personas, el ser resentido con los que tienen más que tú, todo eso es tener mente pobre.

Invertir en tu persona para lograr el objetivo en el menor tiempo posible siempre será una excelente inversión. Muchas veces nos equivocamos y pensamos que todo lo sabemos, sin embargo, la realidad es que siempre habrá alguien que sepa más que tú de algún tema, así tengas mucho dinero. Si lo necesitas acércate a alguien con mayor conocimiento, a un experto, a una persona exitosa, y aprende de ella, esto es parte del proceso. Mientras más rápido lo entiendas, más rápido lograrás la meta.

El estar conectado con el dinero no quiere decir que seas una persona próspera, el ir trabajando en tu persona e ir acercándote cada vez más a la riqueza es extraordinario, porque es un honor estar conectado con personas prósperas.

Existen muchos millonarios que no son prósperos, porque consideran que como tienen mucho dinero, todo lo pueden comprar, y eso es una gran mentira, el dinero es buenísimo porque puedes hacer mucho con él, pero tenerlo y ser próspero es más maravilloso.

*No le temas al fracaso, que no
te hará más débil, sino más fuerte.*

Abraham Lincoln

19

ES DIFÍCIL RENUNCIAR A LA COSTUMBRE, PERO CUANDO ES NECESARIO ES LO MEJOR

Finalmente decidí que en Miami no había más que hacer, así que nos mudamos a Bogotá. Tengo que admitir que al principio Maricarmen no estaba totalmente convencida, pero al final así lo hicimos, sobre todo porque con Mindcode, gracias a un amigo colombiano llamado Nathan, salieron clientes muy importantes e interesados en nuestros servicios. Y él era uno de ellos, propietario de la marca Totto.

Mi amigo Ingin no estaba muy de acuerdo porque le encantaba rumbear conmigo, pero tanto Maricarmen como su esposa Aisha me decían que en Miami sólo me iba a echar a perder como Ingin. Ellos, a pesar de que aún estaban casados, ya no vivían felices, y era triste porque él era un hombre sumamente conectado con el dinero y era muy rico, pero no era próspero, para eso le faltaba mucho.

Mis amigos colombianos me sugerían que diera una conferencia en su país sobre cómo desciframos el marketing, la manera de venderle a la mente y no a la gente con Mindcode. Creo que en aquel entonces ellos tenían más fe que yo en el proyecto en Colombia, pero yo ya sabía lo que estaba mal conmigo y en lo que tenía que trabajar para poder quitarme esa actitud de mente pobre y ser exitoso, en todos los sentidos.

Después de un tiempo viviendo en Bogotá seguía con mis proyectos, los negocios iban marchando mejor de lo que esperaba y trabajaba en las conferencias que daba sobre marketing, aprendiendo cada día más y siendo mejor comunicador, mejor conferencista, sobre todo porque antes no era capaz de hablar en público. Un día preparándome para una conferencia noté la incomodidad de Maricarmen y le pregunté si le pasaba algo, y me confesó que le chocaba Bogotá y que no vivía nada feliz. Yo entendía que no era Miami, pero era una ciudad nueva para nosotros, un nuevo reto para mí; trataba de alentarla diciéndole que Bogotá era muy bonita, y ella me reclamaba diciendo que mientras yo hiciera lo que me gustara, a mí no me importaba nada, pero no era así, a mí me importaba salir adelante para poder ofrecerles un mejor presente y por supuesto un mejor futuro.

Estaba consciente de que había cometido muchos errores y me había caído muchas veces, pero siempre me levantaba, y no sabía cómo ni cuándo pero ya estaba convencido de que un día me iba a quitar esa actitud de mente pobre e iba a ser un hombre rico antes de ser millonario.

A pesar de que los dos estuvimos de acuerdo en mudarnos a Bogotá, Maricarmen no estaba nada contenta ahí. Le pedí tiempo pero fue inútil, ella tenía menos paciencia cada día y su disgusto era obvio y cada vez más frecuente; hacía tiempo que habíamos dejado de ser felices el uno con el otro, pero éramos felices con algo que nos unía, nuestros hijos.

Decidí proponerle que aprovecháramos que aún éramos muy jóvenes, que nos diéramos la oportunidad y que dejáramos de ser esposos para convertirnos en mejores amigos.

Ella lo entendió y sabía que yo necesitaba espacio para terminar mi proyecto y encontrar mi propósito en la vida. Yo sabía y estaba convencido de que venían cosas maravillosas para ambos, pero esta vez sería cada uno por su lado, aunque siempre teniendo presente lo más importante que teníamos en común, nuestros hijos, Dani y Alex.

Así fue como Maricarmen y yo nos separamos de la manera más pacífica posible. Cuando lo cuento no me lo creen, no se lo pueden imaginar, y en realidad es lo más sensato que uno puede hacer, cómo no voy a desearle felicidad a la que fue mi compañera por muchos años, a la madre de dos de mis hijos, sería insensato desearle lo contrario.

En 2010 Maricarmen decidió regresar a Miami con mis hijos y yo me quedé en Bogotá; el reto ahora era adaptarme a mi nueva vida de soltero, seguir preparando mis herramientas de trabajo, continuar dando los servicios de consultoría de neuromarketing con Mindcode y trabajar en mi propia autoterapia, que sería la que me libraría para siempre de mi mente pobre.

La paz y la tranquilidad te ayudarán
a tomar las decisiones adecuadas.

PARA REFLEXIONAR:

Buscar la riqueza a través de tus sueños puede implicar sacrificios. En ciertas ocasiones salir de tu zona de confort es parte del proceso, pero si no quieres seguir en lo mismo, tienes que dejar de hacer lo mismo. Si necesitas buscar nuevos horizontes que te acerquen más a tu propósito, hazlo.

Muchas veces vemos el éxito de otros y sin investigar pensamos: "¿Por qué ellos pueden y yo no?" Si investigas cada caso de éxito aprenderás todo lo que hicieron para llegar a su propósito y entenderás los sacrificios que uno tiene que hacer para acercarse a la meta. El aprendizaje que te debes de llevar es que la mente es lo más poderoso que tienes, si te pones de acuerdo con ella, eliminando esa mente pobre, el camino no sólo será más rápido, también más placentero.

Todo principio tiene un fin, que puede ser tan positivo como en el inicio. De ti depende el final que le quieras dar a cada capítulo de tu vida, pero ten presente que un final en buenos términos siempre te dejará una buena experiencia. Lo mejor es aprender, experimentar, compartir y al final quedar en paz, dejar la puerta del universo abierta.

*Todos tus sueños se pueden hacer realidad,
si tienes el coraje de perseguirlos.*

WALT DISNEY

20

EL INICIO DE LA AUTOTERAPIA QUE AYUDÓ A ELIMINAR MI ACTITUD DE MENTE POBRE

Uno de los ejercicios que descubrí, y que sigo haciendo todos los días, es recordarme diario que tengo el derecho de ser próspero. En una ocasión recuerdo que estaba en un almacén de ropa y encontré unos calcetines púrpura, y al verlos pensé: "Esto me va a ayudar a mantener esa imagen impregnada en mi cerebro todos los días por el resto de mi vida". Emocionado le pedí a la chica del almacén que me vendiera todos los pares que tuviera igualitos, y su reacción fue asombrosa por lo feos que estaban los calcetines, pero eso era lo que yo necesitaba.

Habían pasado muchos meses y todos los días me ponía calcetines púrpura. Hoy en día tengo mi marca de calcetines color púrpura que sigo usando hasta el día de hoy, pues para mí tienen un significado simbólico sumamente importante: billete, dinero, riqueza. Son muy diferentes, por no decir feos, aunque en la actualidad ya son parte de la moda y la gente los compra porque los ven *cool*, pero para mí siguen siendo una herramienta poderosa que me hace recordar que tengo derecho a ser próspero.

En una ocasión quedé de verme con Nathan y Hernan, mis amigos colombianos, para desayunar en un hotel de la ciudad antes de visitar a unos clientes. Cuando pasé por uno de los pasillos del hotel había una producción que me llamó mucho la atención y me quedé perplejo, observando a una mujer divina con una cabellera rubia, hermosa, sedosa y brillante; era la modelo Verónica Ospina, modelando para una marca de shampoo. La belleza de Verónica me había dejado cautivado.

Recuerdo que necesitaba a una modelo para la nueva campaña de Totto, y aunque en realidad ella no era la correcta para esta campaña, estaba seguro de que necesitaba hablar con ella, conocerla. Finalmente logré hablar con un asistente de producción y le pregunté sobre la modelo, quien me dirigió con su agente, la cual se encontraba en el lobby principal del hotel, pero como yo tenía un compromiso con mis amigos me dirigí al restaurante.

Estábamos a punto de irnos a ver a un cliente que Nathan me había recomendado, nos quedaban escasos minutos para partir; me sentía lleno de energía y de felicidad, no sólo porque iba a ver a un nuevo cliente, sino por la emoción de conocer a la modelo. Mis amigos estaban incrédulos al respecto, pero yo ya había decidido que de ahí no me iba sin tener el contacto de esa mujer, entonces les pedí que me dieran unos minutos, los únicos que nos quedaban antes de partir, y salí prácticamente corriendo hacia el lobby principal.

Al llegar vi una mesa donde parecía que estaban teniendo una reunión y pensé que una de ellas debía de ser la mánager de la modelo; interrumpí su reunión y pregunté quién era la mánager de la modelo Verónica Ospina. La mánager me observó de los calcetines hacia arriba, me presenté y le dije que necesitaba hablar con su clienta; ella sencillamente me dio una tarjeta de presentación para que le llamara y me pusiera de acuerdo con ella para ver el *book* de sus modelos y seleccionar quién sería la adecuada para mi campaña. La mánager regresó su atención a la reunión y yo me retiré feliz con su contacto.

En el trayecto a la reunión con el cliente les comenté a mis amigos que ya teníamos a la modelo; ellos no entendían de qué modelo hablaba ni para qué queríamos una modelo, si aún no habíamos visto al cliente. Lo que no sabían es que probablemente sería la modelo para la propia marca de Nathan, Totto. Me preguntaron que si me refería a Verónica Ospina, la presentadora de televisión, y yo quedé más asombrado porque pensé que sólo era modelo.

Al día siguiente de esa reunión me tocó dar una conferencia en Cartagena, fue una de la mejores de esa época. Al terminar se acercó un señor mayor y me dijo: "Me encantó tu conferencia, es muy poderosa, deberías de sacar un libro, te iría muy bien". Yo simplemente le sonreí y le agradecí, él sacó su tarjeta y me la entregó. Era el editor de Panamericana, estaba interesado en la posibilidad de publicar uno de mis libros.

Los negocios iban bastante bien, realizaba trabajos de neuromarketing con marcas como Totto, Siente, Té Hatsu, Claro, Alpina y muchos más. El dinero fluía y yo continuaba con mi autoterapia, y por supuesto con mis calcetines púrpura todos los días, por el resto de mi vida.

De regreso en Bogotá busqué en Facebook a Verónica Ospina y le escribí lo siguiente: "Hola, Verónica, ¿cómo estás? Mi nombre es Jürgen Klarić. Voy mucho a tu ciudad. Soy conferencista, experto en marketing, investiga quién soy, me gustaría conocerte, me encantaría invitarte a comer en mi próximo viaje a Medellín. Saludos, Jürgen".

Emocionado esperé su respuesta y, ¿qué creen?, nunca llegó. ¿Lo pueden creer? Pues yo tampoco lo podía creer, entonces le comenté a mi amigo Nathan lo que había hecho y él fue el que me levantó el ánimo cuando me dijo que de hecho él la seguía y que en las redes la conocían como Vero Ospina. En cuanto pude la busqué de nuevo, le reenvié el mensaje y logré mi objetivo, estuvo de acuerdo en que nos conociéramos.

Finalmente, Vero Ospina accedió a entrevistarse conmigo en el restaurante Bonuar de Medellín. Era una tarde soleada con un clima ideal, obviamente se presentó acompañada de una amiga y se sentaron de un lado de la mesa y yo enfrente. No sé qué pasaba por mi mente pero al tenerla frente a mí estaba seguro de que haríamos cosas increíbles.

Le sonreía y ella me correspondía a tal grado que su amiga se percató y nos dejó unos minutos solos. Durante nuestra conversación veía en ella unos ojos muy expresivos y una sonrisa angelical, pero esos ojos eran, sin lugar a dudas, los más hermosos que había visto; me sentía en las nubes, hasta que fuimos interrumpidos por un artesano que llegó a querernos vender unos figurines. Yo inmediatamente le dije que no estábamos interesados, el tipo se retiró y a escasos metros se detuvo para secarse el sudor de la frente.

Vero sin pensarlo se levantó y se acercó al artesano, sacó de su bolso un billete y se lo dio. Yo estaba absorto, observando cómo se le iluminaba el rostro de felicidad a ese señor. Cuando Verónica regresó a la mesa no me pude contener y le dije lo espectacular que era, y ella asombrada me contestó que cómo podía decirle eso si nos acabábamos de conocer.

Lo que para ella era normal, yo antes lo veía extraño, pero yo ya sabía que ésa era la manera como conectas con el universo, dando sin pedir nada a cambio, dando sin preguntar a quién, dando sin conocer al que ayudas. Ésa era la manera en que se compraba felicidad.

Aunque ella aún no sabía lo que pasaba por mi mente, yo sabía que era la mujer con la que quería pasar el resto de mi vida, uno de los más extraordinarios seres humanos que hubiera conocido, amor verdadero, amor a primera vista.

Mis calcetines púrpura y Vero fueron
parte de mi terapia.

PARA REFLEXIONAR:

Cuando entiendas las improntas que inconscientemente te han alejado del dinero, las aceptes y cambies tu manera de pensar hacia la riqueza, es cuando tendrás que empezar a hacer algo al respecto, si es que tu deseo en realidad es quitarte esa mente pobre y conectarte totalmente con el dinero. Si necesitas de algo, un amuleto, un recordatorio constante de que eres una persona que lo merece todo, te mantenga presente todo lo que tienes que hacer y de quiénes te tienes que alejar para que nadie ni nada obstruya tu camino, búscalo, invéntatelo, pero hazlo, es muy importante que tu ejercicio sea consistente.

El que persevera alcanza, tanto en el dinero, como en los negocios y en el amor: cuando en realidad lo quieres lo logras. Imagínate que un día deseas iniciar un emprendimiento, digamos que es una extraordinaria idea, una idea prometedora y a las semanas de iniciar el proyecto te dices que no es tan buena idea; ahora imagínate que compartes tu pensamiento con tu equipo de trabajo, ¿a dónde crees que los llevaría ese pensamiento? Y si una semana después cambias de parecer, las cosas podrán seguir, pero no será con el mismo entusiasmo, el camino será más difícil. Lo mismo pasa con el dinero, no te puedes permitir un día quererlo y al otro no, si te lo mereces y vas a trabajar para lograrlo, no puedes pensar un día que no te lo mereces, porque son mensajes que estás transmitiendo al universo.

Puedes lograr tu propósito solo, pero siempre tardarás más; si lo haces con otras personas no sólo llegarás más rápido sino más lejos. Aléjate de las personas que te desvían de tu propósito;

si encuentras personas con tus ideales y que te están acercando más rápido a tu propósito aprovéchalas. Es fabuloso encontrar personas que te dejen cosas buenas y que te motiven para seguir adelante.

*La riqueza es la habilidad para
experimentar totalmente la vida.*

HENRY DAVID THOREAU

21

COMPRAR FELICIDAD NO SIGNIFICA QUE DEJES DE COMER PARA DAR

Yo empecé a hacer ese ejercicio como parte de mi rutina y lo sigo haciendo, conectar con el universo, dar sin pedir nada a cambio. En una ocasión, antes de ir a Miami, le llamé a mi mamá y le pedí que fuera a la Mercedes-Benz y me escogiera el mejor carro, con todo lo que a ella le gustaba, porque iba a estar yendo a Miami más seguido y no quería andar sin carro. Le dio más felicidad saber que iría más seguido que el carro; acordamos que ella me lo escogería a su gusto y yo llegando pasaría por él y lo pagaría.

Al llegar a Miami me dirigí directamente a la agencia de autos. El agente me mostró el que había escogido mi mamá, era un Mercedes-Benz C-300 blanco, con interiores beige. El carro estaba espectacular y el agente me comentó que mi mamá tenía muy buen gusto. Cuando le pregunté el precio me dijo que ese modelo en particular costaba 58 000 dólares; era un carro que valía cada dólar, era divino.

Cuando llegué a la casa de mi mamá dejé el coche en el garaje, la llevé ahí con los ojos cerrados y le dije: "Mamá, ¿recuerdas que un día te prometí que cuando fuera millonario te compraría un Mercedes-Benz último modelo?" Al abrir los ojos mi mamá vio el auto que ella había escogido con un moño rojo inmenso en el cofre e inmediatamente se le llenaron los ojos de lágrimas; fue un momento muy emotivo para los dos, yo me sentí increíble, fue una sensación maravillosa. Estaba consciente de que tenía que hacer este ejercicio con gente desconocida, dando sin pedir nada a cambio, sin conocer al que ayudas, porque ésa es la manera como uno conecta con el universo y es la única forma de comprar felicidad.

Ése fue el otro ejercicio de mi autoterapia, me dediqué a comprar felicidad. Me encantaba ver esos rostros iluminados cuando daba un billete de 100 dólares a un vendedor o una propina fuera de lo común en un restaurante, o regalaba 20 dólares a cambio de nada. Es algo inexplicable que no sólo a ellos les llena de felicidad, a mí también me da una gran felicidad. Así se genera una conexión maravillosa con el universo y todo se te regresa multiplicado, es increíble. Obviamente tienes que estar bien tú primero, no es que tengas que dejar de comer para darle a alguien, pero con lo que te sobra definitivamente podrías comprar felicidad, eso es lo que te ayudará a quitarte esa actitud de mente pobre. Yo sigo haciendo este ejercicio actualmente y es algo maravilloso.

Las cosas con Vero iban de maravilla, ella ya trabajaba conmigo como investigadora antropológica de Mindcode, y yo estaba seguro de que era la mujer con la que quería compartir el resto de mi vida y a quien necesitaba para ser un hombre próspero, así que al poco tiempo nos hicimos novios. Curiosamente, por cosas del destino, Vero se mudaba a Bogotá porque iba hacer una especialidad y ahí era donde yo vivía, entonces le propuse que viviéramos juntos; ella lo pensó y accedió. Todo se estaba dando a más no pedir, la relación iba a la perfección y como al año y medio de noviazgo decidí que era el momento ideal de formalizar, por lo que un día decidí invitarla a Napa Valley, a convertir uno de sus sueños en realidad. Fue como un cuento, porque yo no tenía ni idea de lo que ella se imaginaba, pero sabía lo que yo quería y cómo quería proponerle, así que ya en Napa Valley nos trasladamos a un hermoso viñedo de la región. En un área dentro de las viñas decidimos hacer un picnic, ella y yo solitos, acompañados de unos deliciosos bocadillos y un buen vino; la pasamos increíble, un picnic muy romántico: Vero y yo en medio de un viñedo tal y como ella lo había soñado. Parte de nuestro plan era deleitarnos con bocadillos especiales de la región, disfrutar de un buen vino y un delicioso postre. Al terminar nuestro picnic, Vero se percató de que se me había olvidado el postre, pero lo que ella no sabía era que lo había hecho a propósito. El *deli* del viñedo estaba a cierta distancia de donde nos encontrábamos, yo estaba a gusto y relajado, semirrecostado. Vero se paró y se ofreció a ir por el postre, pero en ese momento ella no traía dinero. Cuando me pidió dinero para ir a comprar el postre decidí que era el momento perfecto, así es que saqué de mi bolsillo un pequeño estuche, me arrodillé, y mientras le pedía que se casara conmigo abrí el estuche donde se encontraba el anillo de compromiso, fue sumamente emocionante y romántico. A Vero se le llenaron los ojos de lágrimas por la felicidad y aceptó mi propuesta. Los dos perdidos entre las viñas, tal y como ella lo había soñado, fue un viaje inolvidable.

Habían pasado varios meses pero nunca fijamos fecha para la boda, y aunque vivíamos juntos y yo ya le había dado formalidad a nuestra relación, mi enfoque principal era mi trabajo y compartía tiempo con personas que me chupaban mucha energía, por lo que la relación empezaba a volverse problemática ya que comenzaron los desacuerdos y pleitos, cada vez eran más pronunciados.

Tenía algunas amistades que no eran de la simpatía de Vero, sin embargo, ella lo intentaba. En una ocasión, en Medellín, salimos con unas de esas amistades —en realidad al reflexionar me he preguntado qué estaba haciendo yo con esas personas—. Ese día en particular tuvimos un desacuerdo y yo le subí de tono, Vero, molesta e indignada, me dijo que se iba, y yo decidido le aseguré que si se iba todo se acababa; ella, sin pensarlo dos veces, se fue y yo me quedé enfurecido. Como se habrán dado cuenta, en aquel entonces aún me faltaba mucho por trabajar en el ser.

Al día siguiente nos reunimos para hablar sobre lo sucedido, pues desde la perspectiva de Vero lo teníamos que hablar y teníamos que reflexionar sobre los hechos y nuestro comportamiento de la noche anterior. La realidad era que yo ya había tomado la decisión, y según yo no era el momento adecuado de hacer un compromiso de por vida; sin pesar le dije a Vero que lo nuestro no continuaba más, ella se quedó anonadada sin dar crédito a lo que estaba pasando. Ella había pensado que eso se iba a arreglar con un perdón, un la regué, un perdóname, pero no, fue todo lo contrario, porque yo ya había tomado la decisión y nuestra relación no seguiría más.

Qué ingrato fue romperle el corazón a alguien de esa manera, desilusionarla de esa forma y cuán egoísta me había comportado, pero ésa fue la realidad, a pesar de que me estaba autoterapiando. Sin embargo, el egoísta de Jürgen de aquel entonces ya había tomado la decisión, consciente de lo que estaba haciendo; le aclaré que el que estaba mal era yo y no ella, de seguro pensaba que había sido sólo un pleito como uno de tantos, pero lo que ella no sabía era que ya había tomado la decisión y no pensaba dar paso atrás.

A pesar de que era evidente que Vero se quería morir por el rompimiento, mi sorpresa fue que ella, una mujer tan segura de sí misma, no me reclamó, pero me di cuenta de que para ella fue como si le hubieran echado un balde de agua fría, simplemente me dijo que me entendía y que si algún día nuestras vidas se cruzaban de nuevo, posiblemente ya no sería lo mismo, porque todos los seres humanos tienen derecho a ser felices, quizá no juntos pero sí felices; me deseó la mejor de las suertes y así fue como llegamos al final de nuestro noviazgo.

Le tocó ir a Bogotá por sus pertenencias y ese proceso fue muy difícil para Vero, ya que le tocaba seguir trabajando conmigo porque para ese entonces era la que me manejaba la logística de mis conferencias y teníamos que seguir hablando, pero ella aun con todo ese despecho actuaba con tranquilidad y positivismo, o sea, como si todo se le hubiera dicho al revés. Yo estaba sacado de onda, es más, en ese tiempo yo me iba a Miami y de ahí a España y hasta me regaló un libro titulado *Del miedo al amor* y me deseó un buen viaje, no sin antes aclarar que por favor no le hablara; me deseó el mayor de los éxitos, y yo pensé: "Tranquila, es que yo no planeaba llamarte". Recuerdo haber visto el título del libro y pensar que qué título tan cursi, según yo éste no era mi estilo de libro, pero lo eché a mi mochila para no hacerla sentir mal.

Vero inició su proceso de sanación y yo continué con mi proceso de autoterapia, consciente de que le había causado un dolor, pero según yo era lo que tenía que hacer.

Al llegar a Miami les hablé a mis amigos y por supuesto al loco de Ingin, y nos fuimos de fiesta a vivir la vida loca, pero aunque estaba rodeado de mucha gente y enfiestado, empecé a sentir un gran vacío y me pregunté qué estaba haciendo ahí, tanto que había trabajado en cómo quitarme esa actitud de mente pobre y yo pendejeando en lugar de trabajar en la otra parte, que es la del ser, la de la prosperidad total, no tenía sentido lo que estaba haciendo y me cuestioné si quería terminar como mi amigo Ingin.

A los pocos días tomé el vuelo a España (por lo regular siempre llevo conmigo libros y mi computadora para trabajar en el avión, pero por las fiestas y las carreras no me percaté de nada), y ya en el vuelo al sacar la computadora vi que no tenía batería. Busqué en mi mochila algo que leer y no encontré nada más que el libro cursi que me había regalado Vero, *Del miedo al amor*. Como no tenía nada más que hacer decidí leerlo. Una vez que empecé a leerlo no lo pude dejar hasta que lo terminé, las emociones no dejaban de estar presentes en mi cuerpo, me puso a pensar en todo, en mi vida, me hizo llorar y reflexionar sobre lo que en realidad quería y necesitaba en ella; me dio una ansiedad por regresar a Colombia, hasta quisiera haberle podido decir al piloto que por favor en lugar de España se fuera a Colombia, pero ésa no era una posibilidad y empezaba a sentirme angustiado, con una urgencia de regresar a Colombia, pedirle perdón a Vero y decirle que había sido un idiota, que me diera la oportunidad, sin embargo, tenía un compromiso que atender y, aunque estaba programado quedarme algunos días, antes de aterrizar ya lo había decidido, regresaría en el próximo vuelo a Colombia al terminar mi compromiso. Ese libro que no tiene nada de cursi sino una lección de vida me hizo recapacitar, y ha sido uno de los libros más increíbles que he leído.

Mi estancia había parecido una de las más prolongadas y en realidad había sido muy corta. A pesar de la distancia recorrida tomé el primer vuelo a Colombia, y aunque he viajado por todo el mundo y a destinos más lejanos, éste fue el vuelo que se me ha hecho el más largo de toda mi vida, incluyendo los vuelos con retraso. Eso era parte de mi urgencia de regresar a Colombia e inmediatamente enfrentar a Vero, decirle que estaba consciente del error que había cometido y pedirle que me perdonara.

Al llegar a Colombia, como me pidió que no le llamara, fui directamente a buscarla y le pedí que me escuchara, le expresé mi sentir y le pedí perdón; creo que vio a través de mis ojos lo que yo en realidad estaba sintiendo, pero ella sabía lo que tenía que hacer para vivir el duelo que yo le había propiciado y tenía que trabajar primero en su persona, cerciorarse de que no fuera el regresar conmigo por apego sino por amor, amor real, amor total, y simplemente me dijo que aceptaba mi disculpa, pero que ahora los dos necesitábamos darnos un espacio para entender lo sucedido y sanar varias cosas individualmente. Es una de las pocas veces que sentí perder algo tan valioso por haberme precipitado y haber tomado decisiones erróneas en un momento de ira.

Quitarte la actitud de mente pobre
significa un cambio total en tu vida.

PARA REFLEXIONAR:

Reflexionar, reconocer y entender los errores que uno mismo comete es admirable y necesario para darle solución a la mayoría de los malos entendidos, una vez lo comprendas, hay que hacer algo al respecto, ya que en ocasiones puede ser muy tarde para recuperar lo perdido. Para evitar cometer errores de los que después te puedas arrepentir, nunca tomes una decisión en un momento de ira.

Tener a tu lado una persona con valores similares a los tuyos y con los mismos ideales te ayudará a encontrar tu propósito en menos tiempo, ya que detrás de un hombre visionario hay una gran mujer, y viceversa. Afortunados los emprendedores que cuentan con este apoyo; si tienes el apoyo de una pareja aprovéchalo al máximo, porque es increíble lograr el éxito, pero es maravilloso tener con quién compartirlo.

Una vez que alcances tu propósito empieza a dar sin pedir nada a cambio, ayuda al prójimo sin conocerlo. Cuando empieces a practicar esto, entenderás en qué estriba el código universal. Si lo tienes y lo puedes dar, dalo con amor, compra felicidad llena de amor, así es como conectas constantemente con el universo y se te regresa en formas inimaginables, esto es parte de la ley de la atracción.

En la vida y en los negocios, si quieres ir rápido camina solo. Si quieres llegar lejos ve acompañado.

BILL GATES

22

UNO DE LOS APRENDIZAJES MÁS PROFUNDOS Y MÁS FELICES DE MI VIDA

Fueron tres meses de distancia, los tres meses más largos de mi vida, y aunque pareciera muy poco tiempo, para mí fueron eternos; a pesar de que hablábamos mucho ya no era igual, así que tuve que reconquistarla. Continué trabajando en la parte del ser, trabajé en muchas cosas que tenía que madurar y a los tres meses la invité a pasar un fin de semana en un lugar maravilloso en el oriente de Medellín; fue un fin de semana de conversación, meditación y reflexión. Con ella descubrí cosas que había leído en ese gran libro que me regaló y aprendí lo que verdaderamente es el amor.

La distancia nos había ayudado a ambos a sanar muchas cosas, a mí en relación con ella. Al estar más tranquilo, con más madurez y menos ansiedad, le pedí que si volvía conmigo sería no sólo para cumplirle el compromiso de matrimonio, sino porque estaba totalmente convencido de que era la mujer que yo quería tener a mi lado el resto de mi vida.

Tres meses después Vero y yo nos casamos y decidimos hacer una ceremonia pequeña con familiares y amistades muy cercanas en el Oriente Antioqueño. Fue sólo una comida, pero por cuestiones de problemas de la vuelta del ciclismo colombiano, el que no llegara antes de las ocho de la mañana no podría estar en el matrimonio, ya que la ceremonia sería a las 11 de la mañana, sin embargo, todos llegaron a las ocho y esa reunión se convirtió en una gran fiesta de todo el día, con desayuno, comida, cena y rumba hasta la madrugada; fue una boda de ensueño.

Sabía que juntos íbamos a lograr cosas increíbles y así fue, Vero me ha ayudado a ser gran parte de lo que soy ahora, y después de haberme casado me puse a trabajar en mi próximo emprendimiento y juntos decidimos que haríamos todo lo que tuviéramos que hacer para cambiar el mundo. Así fue como le dimos vida a BiiA Lab, con la idea de empoderar a cientos de miles de personas para que sean exitosas, pero lo más importante: para que sean felices. Un lugar donde la gente se pudiera educar de una manera integral, donde el ser primara sobre el intelecto, así que decretamos que íbamos a formar el centro educacional más completo y grande de Latinoamérica.

En 2015, en un viaje a una conferencia que iba a dar en Santa Cruz, Bolivia, me llamó la atención un artículo que venía leyendo en el avión. Me enteré de que cuando un niño tiene cáncer, el gobierno de Bolivia le paga el tratamiento completo siempre y cuando ya hubieran pagado los estudios y diagnósticos correspondientes, y tuvieran un presupuesto básico para los medicamentos, pero como la mayoría de las familias de la región es de escasos recursos, me imaginaba que serían muy pocas las que podrían pagar eso.

Llegando a Santa Cruz decidí trasladarme al hospital general donde se daban estos tratamientos para investigar el procedimiento y cómo le hacían para cubrir tales gastos. Al entrevistarme con el médico responsable me corroboró que, en efecto, los familiares de los pequeños pacientes no podían pagar los estudios, diagnósticos y medicamentos, que era prácticamente imposible, ya que para que el gobierno autorizara una operación, una extracción o un tratamiento, era necesario hacerles estudios y diagnósticos. Cuando el doctor me comentó que cada diagnóstico costaba 1 200 dólares me quedé anonadado, lleno de tristeza y coraje le pregunté que si con 1 200 dólares se podía salvar una vida. Con su reacción me percaté de que para él era mucho dinero para salvar una vida, y desde mi perspectiva no era nada.

Esa misma noche en el teatro donde daría mi conferencia se habían reunido más de mil personas y cuando les comenté que la judía era la única religión en el mundo que aceptaba y entendía que el dinero podía comprar la vida de una persona, aproveché para compartirles lo que estaba pasando en Santa Cruz, Bolivia. Les comenté que había estado en el Hospital General y que me había enterado de que la mayoría de los niños con cáncer se muere porque no tiene 1 200 dólares para el diagnóstico que deben hacerles antes de que el gobierno les autorice el tratamiento o la cirugía. ¡¿Cómo puede ser posible que por tan poco dinero se mueran tantos niños?! El auditorio estaba en silencio total, atento.

Estaba seguro de que algo grandioso iba a suceder, ya que alcanzaba a divisar las filas de enfrente y me di cuenta de que estaban varios de mis amigos bolivianos que tenían mucho dinero. Entonces se me ocurrió comentarles que como yo necesitaba mucho dinero porque al día siguiente me iba a ir a salvar vidas, que se imaginaran que tenía una moto BMW nuevecita, con un valor de 30 mil dólares, y les pregunté que quién estaría dispuesto a comprarla por sólo 10 mil dólares; muchos de las filas de enfrente levantaron la mano, unos hasta con cartera en mano, otros con tarjetas de crédito. Me dije: "¡Wow! Ésta es la oportunidad de invitarlos a hacer algo grandioso", y continué: "Ahora yo los quiero invitar a que salvemos vidas", y para que muchos se animaran les propuse que por cada persona que estuviera dispuesta a regalar 10 mil dólares para salvar vidas, yo pondría otros 10 mil dólares. Imagínense la cantidad de vidas que podríamos salvar, y me atreví a hacerles esta invitación porque sabía que varios de los ahí presentes tenían mucho dinero.

Miré a todos los que habían sacado carteras y tarjetas para comprar la moto de 30 mil a 10 mil y ninguno levantó la mano, entonces supliqué que por favor levantara la mano el que estuviera dispuesto a salvar vidas por sólo 10 mil dólares. Para mi sorpresa nadie lo hizo, no daba crédito a lo que estaba pasando, por lo que no aguanté y les dije: "¡Salvar vidas tiene mucho más valor que una pinche moto! Señores… ¡les falta mucho!" Se hizo un silencio total.

Finalmente un joven en las filas de atrás levantó la mano, pero una mujer a su lado le sujetó el brazo, él insistentemente la volvió a levantar y me comentó que admiraba lo que estaba haciendo y que no le interesaba comprar la moto pero sí quería regalar 10 mil dólares para comprar vidas. Le pregunté su nombre y me dijo que se llamaba Pedro Escobar Foyarin; de inmediato relacioné el apellido con el de Pablo Escobar —qué traicionera puede ser la mente e inmediatamente desconectarte del dinero—. Pero cuando me dijo que era constructor y que quería ayudar lo relacioné con unos constructores Foyarin de Bolivia que yo conocía, entonces supe de qué familia venía.

Todos se quedaron asombrados, y desde mi perspectiva, apenados. Fue ahí cuando pensé que mis amigos de mucho dinero iban a recapacitar, pedí un aplauso para él y les volví a hacer la invitación: "¿Alguien más quiere unirse a esta noble causa?" Todos aplaudieron y luego se hizo un silencio total, nadie más levantó la mano. Algunos estaban indecisos, pero finalmente nadie más se unió a nuestra causa; decepcionado, me retiré del escenario.

En el lobby del teatro, mientras me dirigía a la salida acompañado de Vero y parte del *staff*, me detuve a saludar a unas personas, y un joven de nombre Andrés se acercó a mí y me dijo: "Me encantó tu conferencia. ¡Qué pena! Fíjate que desafortunadamente no tengo los 10 mil dólares, pero quería ver si podía regalar aunque sea 5 mil". El ánimo me regresó de inmediato. Segundos después me abordaron dos chicas, Greisy y Claudia, y me dijeron que no tenían todo lo que quisieran regalar, pero que podían dar 2 500 dólares, ¿crees que podamos participar? La felicidad se me evidenciaba; los invité a que al día siguiente me acompañaran a salvar vidas.

¡De quien menos esperas más recibirás!

PARA REFLEXIONAR:

Haber logrado tu propósito y cumplido tus metas te da la oportunidad de ayudar a otras personas, de hacer cosas maravillosas; imagínate todo lo que podrías hacer y ayudar. Si tienes la oportunidad hazlo, porque esto es increíble. Aprendamos del caso de Melinda y Bill Gates, quien de ser el hombre más rico del mundo dejó de serlo porque donó más de la mitad de su fortuna, sin embargo, años después volvió a ser uno de los hombres más ricos del mundo, eso es estar conectado totalmente con el universo y ser una persona próspera, digno de admiración y respeto. El legado que esta gran pareja dejará en nuestra historia no tiene precedente.

Cuando careces de algo y luego lo tienes, tiendes a ser candidato de la avaricia, y ésta se puede convertir en un patrón que te domina, por eso es de suma importancia que trabajes en tu ser, en eliminar esa mente pobre, en limpiar todos esos rencores, resentimientos y pensamientos negativos hacia el dinero, para que una vez que logres tu propósito conectes con el universo y el dinero fluya y nunca te haga falta. Si crees que la avaricia te puede dar felicidad, eso es falso, porque cuando el sentimiento falso de felicidad desaparece la necesidad de la verdadera felicidad estará presente.

Qué bien que logres tu propósito y puedas conectarte con el universo y generar la riqueza deseada, pero sería maravilloso que pudieras compartir tu riqueza con el universo; ésa es la ecuación perfecta, tú le pides al universo y el universo proveerá para ti, para los tuyos y para que compartas una y otra vez, eso es lo que significa ser una persona próspera y estar agradecido con el universo.

No tengas miedo a renunciar
a lo bueno para ir por lo grande.

JOHN D. ROCKEFELLER

23

SE PUEDEN HACER COSAS MARAVILLOSAS CON EL DINERO, COSAS QUE IMPACTEN

A pesar de las personas maravillosas que se unieron a esta noble causa, no podía dejar de pensar que ninguno de los más pudientes conocidos míos hubiera podido dejar de considerar el dinero como dinero y ver las cosas maravillosas que se pueden hacer con él, como cambiar el mundo; no se daban cuenta de que en verdad podían ser prósperos en todo el sentido de la palabra.

Visitamos el hospital, tal y como habíamos acordado. En un recorrido por las habitaciones nos encontramos con un niño bastante enfermo de cáncer. En ese cuarto estábamos Vero, la enfermera y yo; sin percatarnos salió de debajo de la cama un señor, que parecía un campesino, era el papá del niño enfermo. La enfermera nos explicó que ahí dormía el papá, ya que el hospital no contaba con camas extra. El señor se veía demacrado y raquítico, y no era para menos, llevaba tres meses durmiendo debajo de la cama y en el hospital sólo les permitían darle una comida al día. Saqué un billete de 100 dólares y se lo entregué al señor, quien lo agarró, lo vio y me lo regresó con cara de fastidio. Le pregunté a la enfermera que qué le pasaba al señor y me explicó que sólo hablaba guaraní y que no conocía ese billete, y por lo tanto no tenía valor para él. Le pedí que le explicara en guaraní que, una vez que lo cambiara, serían como 700 bolivianos, que lo hiciera y que por favor fuera a comer. Le entregué de nuevo el billete y el señor lo aceptó, asombrado y con la cara llena de felicidad.

Después del recorrido por el hospital nos reunimos con el doctor encargado del programa para informarle que ya habíamos recaudado los primeros 27 mil dólares para salvar vidas —la cantidad que inicialmente teníamos para empezar a pagar diagnósticos—. El doctor no daba crédito a que en menos de 24 horas hubiéramos podido reunir esa suma, lo que para él era grandioso, aunque para mí era mínimo, ya que sólo salvamos 22 vidas de inicio. Le pedimos que se encargara de hacer el trabajo correspondiente y nosotros haríamos nuestra parte para seguir ayudando.

Así fue como con un grupo de personas maravillosas que dieron sin pedir nada a cambio y un gran grupo de voluntarios iniciamos la fundación Compra felicidad con dinero, donde le enseñamos a la gente que sí se puede comprar la felicidad. Éste es un ejercicio que yo puse en práctica y que me ayudó a eliminar esa mente pobre.

Mientras continuábamos con nuestra labor social, en las comunas de Medellín di una plática al aire libre a cientos de personas que se habían reunido en el área de la plaza; nos juntamos para ayudarle a la gente, regalándole dinero e iluminando rostros de felicidad.

A la par de que lográbamos grandes avances también llegaban golpes muy duros, como el de ese día cuando me enteré de que el niño con cáncer que habíamos conocido en el hospital general de Santa Cruz, Bolivia, se había escapado con su papá. Se le comunicó a las autoridades, pero fue inútil, el papá ya se lo había llevado lejos del hospital. La preocupación principal del doctor era que si no intervenían al niño en los próximos días, lo más seguro era que falleciera.

Mi tristeza era evidente y lo único que pasaba por mi cabeza era: "¿Será que por mis 100 dólares se perdería una vida?"

Soy humano, también rio y lloro, y a veces no puedo impedir sentirme afectado por las acciones de los demás, sin embargo, sé que hice lo correcto y nuestro enfoque era salvar muchas vidas más. No puedo ser responsable por las acciones de los demás, pero sí por las mías.

Con varias embajadas BiiA Lab en diferentes partes de Latinoamérica, siempre me he dado a la tarea de visitarlas y de darles las herramientas necesarias, como todas las que he utilizado para transformar esa actitud de mente pobre y ayudar al mayor número de personas a hacer lo mismo, porque todos se merecen lo que crean merecer y todos lo pueden lograr.

Sólo puedes ser responsable de tus actos
y no de los actos de los demás.

PARA REFLEXIONAR:

La ley de la atracción consiste en que así como se tienen ciertos pensamientos, realizamos ciertas acciones y se genera una frecuencia que se envía al universo. Lo mismo ocurre cuando das las cosas, cuando lo hagas, hazlo de corazón, pero no sólo eso, todo lo que pienses, actúes, pidas y des, hazlo deseando siempre el bien a la humanidad. Hay que ser congruentes con las actitudes, pues haciendo cosas buenas atraerás cosas buenas, sólo así funciona, así es como se nos devuelve todo y más bajo esa misma frecuencia, de lo contrario atraes el fracaso y mantienes una mente pobre.

Al emprender una labor, lo ideal es que todos se contagien con la misma emoción; es difícil, pero no imposible, si lo sueñas y lo visualizas, lo lograrás. No todos tendrán la misma convicción, no todos estarán en la misma situación para apoyar, pero el momento de cumplir tu sueño llegará, cuando las personas correctas se hayan unido para llevar a cabo este emprendimiento. Esto es parte de una extraordinaria terapia para uno, eliminar esa mente pobre y recordar que es bonito recibir, pero es mucho más hermoso dar.

No te equivoques, no pienses en dar lo que no tienes, primero tienes que estar bien, y una vez que logres tu propósito y cumplas con tus compromisos, comparte con el universo lo que puedas y sientas de corazón sin que te afecte en nada.

Cada quien es responsable de sus actos, tú no puedes ni debes sentirte responsable por los actos de los demás. Lo que hay que entender, y que no todas las personas entienden, es la definición de la ley de la atracción; si fuera así, sobrarían personas para cada labor.

El dinero es maravilloso, como pudimos constatar, se pueden salvar vidas, se puede comprar felicidad. Una vez que logres tus propósitos no te olvides de que el universo lo ha puesto a tu alcance, por supuesto gracias a tu esfuerzo y trabajo, pero una vez que entiendas la ley de la atracción y practiques su funcionalidad, descubrirás las maravillas que tiene el universo reservadas para ti.

Diviértete. El juego es mucho más divertido cuando intentas hacer más que simplemente ganar dinero.

TONY HSIEH

24

LA PERSEVERANCIA TE AYUDARÁ A LOGRAR TODOS TUS OBJETIVOS

De nuevo en las comunas de Medellín todo nuestro equipo de trabajo se encontraba ayudando, mientras regalábamos carpas grandes y repartíamos comida para todos los presentes y los que seguían llegando. De nuevo me ganaba la emoción; decidí buscar unas escaleras y aislarme un poco de la gente para pensar cómo avanzar más rápido, porque veía tanta gente con necesidades y que por mucho que hacíamos, a veces no era suficiente, pero sí indiscutiblemente necesario, muy necesario. Ese día me ganó el sentimiento, mis ojos estaban llenos de lágrimas hasta que un niño interrumpió mi tristeza. Se acercó a mí y me preguntó que por qué lloraba si todos estaban contentos; lo único que pensaba yo era que podía haber hecho más y no lo hice.

A pesar de todo lo que hacía, yo era mi mejor crítico y el más exigente, y me quedaba claro que aunque a veces sentía que no había hecho suficiente, me hubiera sentido peor de no haber hecho nada. Hacer y ayudar siempre es importante.

Mientras creas que te lo mereces, nunca lo dudes, y seas una buena persona y todo lo que emprendas lo hagas con pasión, lograrás todos y cada uno de tus objetivos. El dinero es maravilloso y más cuando lo tienes para ayudar a los menos afortunados; si puedes hazlo de corazón y regálalo sin pedir nada a cambio.

Aunque ya me he dedicado a comprar felicidad, me falta mucho por hacer y lograr. He sido emprendedor, fundador de BiiA Lab, soy especialista en neuromarketing, conferencista, autor de los bestsellers *Estamos ciegos*, *Véndele a la mente, no a la gente* y *Neuro oratoria*. Con este nuevo proyecto, *Pobre rico millonario*, deseo que la gente se quite esa actitud de mente pobre y se convierta en una persona millonaria, pero no sólo respecto al dinero, que sea próspera en todo.

Durante mis estudios en neurociencia he descubierto que siete de cada 10 latinos son de mente pobre, y eso se debe a nuestra cultura latina, que siempre nos han dicho que el ser ambicioso es un defecto; nos han dicho por generaciones que el dinero nos hace perder amigos, familiares; nos han hecho temerle al dinero; nos obligaron a crecer con todos estos mitos. Ahora hay que conocer y saber respetar el código de la mente millonaria. Hay que educarnos para dejar de tener una actitud de mente pobre. Los invito a que empiecen a acumular riqueza, pero riqueza próspera.

Ahora que sé cómo funciona la mente me hago mi propia terapia. Me evalúo a diario; hago algo único todos los días, algo que me recuerde que debo ser próspero, no sólo millonario, sino próspero en todo, abundante todos los días de mi vida, simplemente porque me lo merezco, porque todo lo que doy, lo entrego sin pedir nada a cambio y así es como pasé de ser un "pobre rico", a ser un "rico millonario", un ser próspero en todo sentido… ¡Así que los invito a ser cada día mejores seres humanos!

Jürgen Klarić

PARA REFLEXIONAR:

El mundo necesita tanta ayuda que es fácil pensar que el granito de arena que uno pueda aportar no es suficiente, pero la realidad es que si con ese apoyo le das felicidad a alguien, ya estás haciendo un aporte significativo para mejorar nuestro mundo.

Si de cada 10 personas tres fueran guerreros sin mente pobre y convertidos realmente en seres conectados con el universo, riqueza y éxito, esas tres personas tendrían el poder de 300, ésa es la fuerza de aquellos que están en esa frecuencia, el problema es que nuestra sociedad requiere de un mayor número de guerreros prósperos dispuestos a cambiar este mundo, a dar sin pedir nada a cambio, a comprar felicidad como si no hubiera mañana.

Cuando llegues a cumplir tus propósitos y estés en la capacidad de hacer algo por cambiar el mundo, hazlo y te darás cuenta de lo gratificante que es el dar sin pedir nada a cambio.

Cambiemos el mundo juntos, hagamos algo por él, que nos vio nacer, que nos ha dado tanto y no le hemos retribuido. Mientras cada día haya un mayor número de personas con pensamientos de riqueza y éxito, menores serán los problemas del mundo.

La mejor recompensa de convertirte en millonario no es la cantidad de dinero que ganes, es la clase de persona en la que te tienes que convertir para llegar a serlo.

JIM ROHN

Jürgen Klarić y Jorge Cano planeando la película *Pobre rico millonario* en una de las avenidas de Nueva York en los estudios 20th Century Fox en Hollywood, California.

Toda historia es poderosa, todo estriba en cómo la cuentes.

JORGE CANO

JORGE A. CANO es escritor, productor y director de cine, televisión y medios digitales, con más de 33 años de experiencia; ha colaborado en más de 2 000 producciones bajo su dirección. En su trayectoria ha recibido 29 premios internacionales por creación de contenido, entre ellos 23 Telly Awards y un Emmy Award por la Academia Nacional de Artes y Ciencias de los Estados Unidos.

Jorge promueve que hoy en día se creen y escriban historias que impacten, empoderen y dejen un mensaje positivo. Consciente de la problemática en Latinoamérica sobre la falta de conexión con la riqueza y al escuchar cómo Jürgen cambió su mente pobre, consideró importante escribir sobre ello con la idea de brindarle al lector una historia fascinante con un gran aprendizaje.